Capítulo 2
Dividir números enteros

GO MATH!
¡VIVAN LAS MATEMÁTICAS!

Hecho en los Estados Unidos
Impreso en papel reciclado

GO MATH!
¡VIVAN LAS MATEMÁTICAS!

Copyright © 2015 by Houghton Mifflin Harcourt Publishing Company.

All rights reserved. No part of this work may be reproduced or transmitted in any form or by any means, electronic or mechanical, including photocopying or recording, or by any information storage and retrieval system, without the prior written permission of the copyright owner unless such copying is expressly permitted by federal copyright law. Requests for permission to make copies of any part of the work should be addressed to Houghton Mifflin Harcourt Publishing Company, Attn: Intellectual Property Licensing, 9400 Southpark Center Loop, Orlando, Florida 32819-8647.

Common Core State Standards © Copyright 2010. National Governors Association Center for Best Practices and Council of Chief State School Officers. All rights reserved.

This product is not sponsored or endorsed by the Common Core State Standards Initiative of the National Governors Association Center for Best Practices and the Council of Chief State School Officers.

Printed in the U.S.A.

ISBN 978-0-544-67786-9

2 3 4 5 6 7 8 9 10   0690   24 23 22 21 20 19 18

4500695326   C D E F G

If you have received these materials as examination copies free of charge, Houghton Mifflin Harcourt Publishing Company retains title to the materials and they may not be resold. Resale of examination copies is strictly prohibited.

Possession of this publication in print format does not entitle users to convert this publication, or any portion of it, into electronic format.

Estimados estudiantes y familiares:

Bienvenidos a **Go Math! ¡Vivan las Matemáticas!** para 5.º grado. En este interesante programa de matemáticas encontrarán actividades prácticas y problemas del mundo real que tendrán que resolver. Y lo mejor de todo es que podrán escribir sus ideas y sus respuestas directamente en el libro. Escribir y dibujar en las páginas de **Go Math! ¡Vivan las Matemáticas!** les ayudará a percibir de manera detallada lo que están aprendiendo y ¡entenderán muy bien las matemáticas!

A propósito, todas las páginas de este libro están impresas en papel reciclado. Queremos que sepan que al participar en el programa **Go Math! ¡Vivan las Matemáticas!**, están ayudando a proteger el medio ambiente.

Atentamente,
Los autores

Hecho en los Estados Unidos
Impreso en papel reciclado

GO MATH!
¡VIVAN LAS MATEMÁTICAS!

Autores

Juli K. Dixon, Ph.D.
Professor, Mathematics Education
University of Central Florida
Orlando, Florida

Edward B. Burger, Ph.D.
President, Southwestern University
Georgetown, Texas

Steven J. Leinwand
Principal Research Analyst
American Institutes for
   Research (AIR)
Washington, D.C.

Contributor
Rena Petrello
Professor, Mathematics
Moorpark College
Moorpark, California

Matthew R. Larson, Ph.D.
K-12 Curriculum Specialist for
   Mathematics
Lincoln Public Schools
Lincoln, Nebraska

Martha E. Sandoval-Martinez
Math Instructor
El Camino College
Torrance, California

English Language Learners Consultant
Elizabeth Jiménez
CEO, GEMAS Consulting
Professional Expert on English
   Learner Education
Bilingual Education and
   Dual Language
Pomona, California

Fluidez con números enteros y números decimales

Área de atención Ampliar la división a divisores de dos dígitos, integrar las fracciones decimales en el sistema del valor posicional y desarrollar la comprensión de las operaciones con decimales hasta las centésimas, y desarrollar fluidez con los números enteros y operaciones decimales

2 Dividir números enteros 85

ESTÁNDARES ESTATALES COMUNES

5.NBT Números y operaciones en base diez
Agrupación B Efectúan cálculos con números enteros de múltiples dígitos y con decimales hasta las centésimas.
5.NBT.B.6

5.NF Números y operaciones: Fracciones
Agrupación B Aplican y extienden conocimientos previos de multiplicación y división para multiplicar y dividir fracciones.
5.NF.B.3

✓ **Muestra lo que sabes** 85

Desarrollo del vocabulario 86

Tarjetas de vocabulario del capítulo

Juego de vocabulario 86A

1 Ubicar el primer dígito 87
 Práctica y tarea

2 Dividir entre divisores de 1 dígito 93
 Práctica y tarea

3 **Investigar** • La división con divisores de 2 dígitos 99
 Práctica y tarea

4 Cocientes parciales 105
 Práctica y tarea

✓ **Revisión de la mitad del capítulo** 111

Área de atención

¡Aprende en línea! Tus lecciones de matemáticas son interactivas. Usa iTools, Modelos matemáticos animados y el Glosario multimedia.

Presentación del Capítulo 2

En este capítulo explorarás y descubrirás las respuestas a las siguientes **Preguntas esenciales**:

- ¿Cómo puedes dividir números enteros?
- ¿Qué estrategias has usado para ubicar el primer dígito del cociente?
- ¿Cómo puedes usar la estimación para dividir?
- ¿Cómo sabes cuándo debes usar la división para resolver un problema?

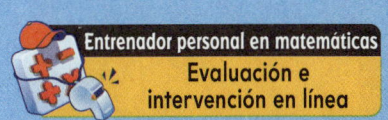

Entrenador personal en matemáticas
Evaluación e intervención en línea

v

5 Estimar con divisores de 2 dígitos **113**
Práctica y tarea

6 Dividir entre divisores de 2 dígitos **119**
Práctica y tarea

7 Interpretar el residuo **125**
Práctica y tarea

8 Ajustar los cocientes. **131**
Práctica y tarea

9 **Resolución de problemas** • La división. **137**
Práctica y tarea

✓ **Repaso y prueba del Capítulo 2** **143**

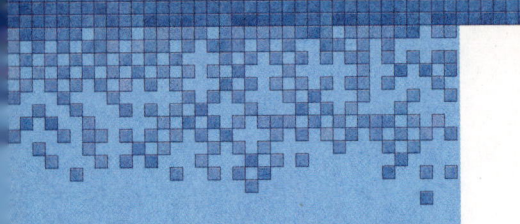

PRACTICA MÁS CON EL
Entrenador personal
en matemáticas

Práctica y tarea

Repaso de la lección
y Repaso en espiral
en cada lección

Capítulo 2 — Dividir números enteros

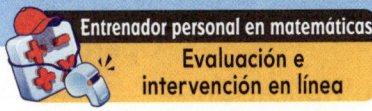

✓ Muestra lo que sabes

Entrenador personal en matemáticas — Evaluación e intervención en línea

Comprueba si comprendes las destrezas importantes.

Nombre _____

▶ **Significado de la división** Usa fichas para resolver los problemas. (3.OA.A.2)

1. Divide 18 fichas en 3 grupos iguales. ¿Cuántas fichas hay en cada grupo?

   _____ fichas

2. Divide 21 fichas en 7 grupos iguales. ¿Cuántas fichas hay en cada grupo?

   _____ fichas

▶ **Multiplicar números de 3 y 4 dígitos** Multiplica. (4.NBT.B.5)

3. 321 × 4

4. 518 × 7

5. 4,092 × 6

6. 8,264 × 9

▶ **Estimar con divisores de 1 dígito** Estima el cociente. (4.NBT.B.6)

7. 2)312

8. 4)189

9. 6)603

10. 3)1,788

Matemáticas En el mundo

En la moneda de 25¢ de Missouri se muestra el arco Gateway, que mide 630 pies, o 7,560 pulgadas, de altura. Piensa cuántas pilas de 4 pulgadas de monedas de 25¢ se necesitan para igualar la altura del arco Gateway. Si hay 58 monedas de 25¢ en una pila de 4 pulgadas, ¿cuántas monedas de 25¢ apiladas se necesitan para igualar la altura del arco?

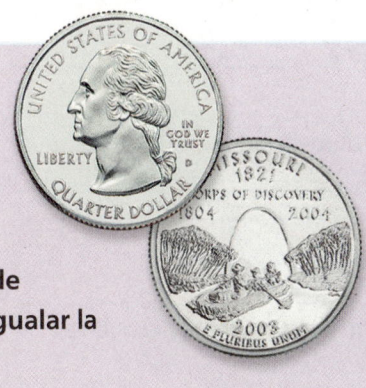

Desarrollo del vocabulario

▶ **Visualízalo**

Completa el diagrama de flujo con las palabras que tienen una ✓.

Operaciones inversas

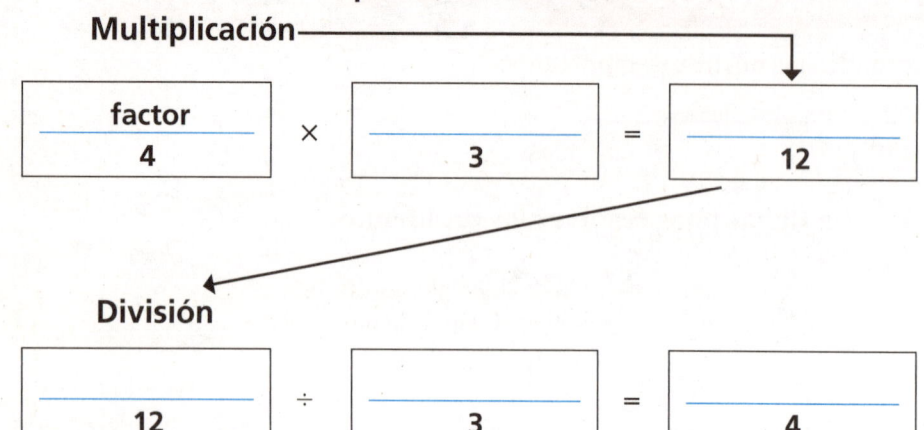

Multiplicación

factor	×		=	
4		3		12

División

	÷		=	
12		3		4

Palabras de repaso

✓ cociente
  cocientes parciales
✓ dividendo
✓ divisor
  estimar
✓ factor
  números compatibles
✓ producto
  residuo

▶ **Comprende el vocabulario**

Usa las palabras de repaso para completar las oraciones.

1. Puedes _____ para hallar un número próximo a la cantidad exacta.

2. Los números que se pueden calcular mentalmente con facilidad se llaman _____.

3. El _____ es la cantidad que queda cuando un número no se puede dividir en partes iguales.

4. El método de división en el que los múltiplos del divisor se restan del dividendo y luego se suman los cocientes se llama _____.

5. El número que se va a dividir en un problema de división es el _____.

6. El _____ es el número que resulta de la división, sin incluir el residuo.

86

Vocabulario del Capítulo 2

números compatibles compatible numbers <div align="right">49</div>	**dividendo** dividend <div align="right">21</div>
divisor divisor <div align="right">22</div>	**factor** factor <div align="right">32</div>
cociente parcial partial quotient <div align="right">6</div>	**producto** product <div align="right">62</div>
cociente quotient <div align="right">5</div>	**residuo** remainder <div align="right">67</div>

Número que se divide en una división

Ejemplo: 36 ÷ 6 o 6)36
              ↑   ↑
              dividendo

Números con los que es fácil hacer cálculos mentales

Número que se multiplica por otro para obtener un producto

Ejemplo: 46 × 3 = 138
          ↑   ↑
          factores

Número entre el cual se divide el dividendo

Ejemplo: 15 ÷ 3 o 3)15
              ↑   ↑
              divisor

Resultado de una multiplicación

Ejemplo: 3 × 15 = 45
                   ↑
                   producto

Método de división en el que los múltiplos del divisor se restan del dividendo y después se suman los cocientes

Ejemplo:
```
    5)125       ← cocientes parciales
     -50    10 × 5    10
      75
     -50    10 × 5    10
      25
     -25     5 × 5    +5
       0               25
```

Cantidad que sobra cuando un número no se puede dividir en partes iguales

Ejemplo:
```
        102 r2  ← residuo
     6)614
      -6
       01
       -0
        14
       -12
         2  ← residuo
```

Resultado de una división

Ejemplo: 8 ÷ 4 = 2
                 ↑
                 cociente

De visita con las palabras de ¡VIVAN LAS MATEMÁTICAS!

Juego

El juego de emparejar

Para 2 a 3 jugadores

Materiales
- 1 juego de tarjetas de palabras

Instrucciones
1. Coloca las tarjetas boca abajo en filas. Túrnense para jugar.
2. Elige dos tarjetas y ponlas boca arriba.
   - Si las tarjetas muestran una palabra y su significado, coinciden. Conserva el par y vuelve a jugar.
   - Si las tarjetas no coinciden, vuelve a ponerlas boca abajo.
3. El juego terminará cuando todas las tarjetas coincidan. Los jugadores cuentan sus pares. Ganará la partida el jugador con más pares.

Recuadro de palabras
- cociente
- cociente parcial
- dividendo
- divisor
- factor
- números compatibles
- producto
- residuo

Capítulo 2

Diario

Escríbelo

Reflexiona

Elige una idea. Escribe sobre ella.

- Describe una situación en la que podrías usar números compatibles para estimar.
- Escribe un párrafo en el que se usen al menos **tres** de estas palabras.

  dividendo   divisor   cociente   residuo

- Megan tiene $340 para gastar en recuerdos para una fiesta de 16 invitados. Indica cómo Megan puede usar los cocientes parciales para saber cuánto puede gastar por cada invitado.
- Un excursionista quiere recorrer la misma cantidad de millas cada día para completar un sendero de 128 millas. Explica e ilustra dos opciones diferentes para completar el sendero. Haz tu dibujo en una hoja aparte.

Lección 2.1

Nombre _____

Ubicar el primer dígito

Pregunta esencial ¿Cómo sabes dónde ubicar el primer dígito de un cociente sin dividir?

Estándares comunes Números y operaciones en base diez—5.NBT.B.6
PRÁCTICAS MATEMÁTICAS
MP1, MP4, MP6

Soluciona el problema En el mundo

Tania tiene 8 margaritas moradas. En total, cuenta 128 pétalos en sus flores. Si cada flor tiene el mismo número de pétalos, ¿cuántos pétalos hay en una flor?

- Subraya la oración que indica lo que debes hallar.
- Encierra en un círculo los números que debes usar.
- ¿Cómo usarás estos números para resolver el problema?
  _____

Divide. 128 ÷ 8

PASO 1 Usa una estimación para hallar el lugar del primer dígito del cociente.

Estima. 160 ÷ _____ = _____

El primer dígito del cociente estará en el lugar de las _____.

PASO 2 Divide las decenas.

$$\begin{array}{r} 1 \\ 8\overline{)128} \\ - \\ \hline \end{array}$$

Divide. 12 decenas ÷ 8
Multiplica. 8 × 1 decena

Resta. 12 decenas − _____ decenas
Comprueba. _____ decenas no se pueden dividir entre 8 grupos sin reagrupar.

PASO 3 Reagrupa las decenas restantes en unidades. Luego divide las unidades.

$$\begin{array}{r} 16 \\ 8\overline{)128} \\ -8\downarrow \\ \hline \\ - \\ \hline \end{array}$$

Divide. 48 unidades ÷ 8
Multiplica. 8 × 6 unidades

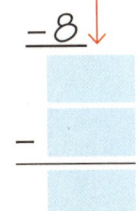

Resta. 48 unidades − _____ unidades
Comprueba. _____ unidades no se pueden dividir entre 8 grupos.

Puesto que 16 está cerca de la estimación de _____, el resultado es razonable.

Entonces, hay 16 pétalos en una flor.

Charla matemática **PRÁCTICAS MATEMÁTICAS 6**

Explica de qué manera estimar el cociente te ayuda tanto al principio como al final de un problema de división.

Capítulo 2   87

🔑 Ejemplo

Divide. Usa el valor posicional para hallar el lugar del primer dígito. 4,236 ÷ 5

PASO 1 Usa el valor posicional para hallar el lugar del primer dígito.

5)4,236   Observa los millares.

4 millares no se pueden dividir entre 5 grupos sin reagrupar.

Observa las centenas.

_____ centenas se pueden dividir entre 5 grupos.

El primer dígito está en el lugar de las _____.

> **Recuerda**
> Recuerda estimar el cociente primero.
>
> Estimación: 4,000 ÷ 5 = _____

PASO 2 Divide las centenas.

```
    8
5)4,236
 -
```

Divide.   _____ centenas ÷ _____

Multiplica. _____ × _____ centenas

Resta.   _____ centenas − _____ centenas

Comprueba.   _____ centenas no se pueden dividir entre 5 grupos sin reagrupar.

PASO 3 Divide las decenas.

```
    84
5) 4,236
  -40↓
    23
   -20
     3
```

Divide.   _____

Multiplica. _____

Resta.   _____

Comprueba.   _____
             _____

PASO 4 Divide las unidades.

```
    847
5) 4,236
  -40
    23
   -20↓
     36
    -35
      1
```

Divide.   _____

Multiplica. _____

Resta.   _____

Comprueba.   _____
             _____

Entonces, 4,236 ÷ 5 es igual a _____ r _____.

Charla matemática **PRÁCTICAS MATEMÁTICAS** ⑥

Explica cómo sabes si tu resultado es razonable.

88

Nombre _____

Comparte y muestra

Divide.

1. 4)457
2. 5)1,035
3. 8)1,766

PRÁCTICAS MATEMÁTICAS 6
Usa vocabulario matemático Al dividir, explica cómo sabes cuándo debes colocar un cero en el cociente.

Por tu cuenta

Divide.

4. 8)275
5. 3)468
6. 4)3,220
7. 6)618

8. **MÁS AL DETALLE** Ryan ganó $376 por 4 días de trabajo. Si él ganó la misma cantidad cada día, ¿cuánto ganará si trabaja 5 días?

_____

Práctica: Copia y resuelve Divide.

9. 645 ÷ 8
10. 942 ÷ 6
11. 723 ÷ 7
12. 3,478 ÷ 9
13. 3,214 ÷ 5
14. 492 ÷ 4
15. 2,403 ÷ 9
16. 2,205 ÷ 6

17. **MÁS AL DETALLE** ¿El primer dígito del cociente de 2,589 ÷ 4 estará en el lugar de las centenas o de los millares? **Explica** cómo puedes decidirlo sin hallar el cociente.

_____
_____
_____
_____

Capítulo 2 • Lección 1   89

PRÁCTICAS MATEMÁTICAS ANALIZAR • BUSCAR ESTRUCTURAS • PRECISIÓN

Soluciona el problema (En el mundo)

18. PRÁCTICA MATEMÁTICA ④ Interpreta el resultado Rosa tiene un jardín dividido en secciones. Tiene 125 plantas de margaritas. Si planta el mismo número de plantas de margaritas en cada una de las 3 secciones, ¿cuántas plantas de margaritas habrá en cada sección? ¿Cuántas plantas de margaritas sobrarán?

a. ¿Qué información usarás para resolver el problema?

_____

_____

b. ¿Cómo usarás la división para hallar el número de plantas de margaritas que sobran?

_____

_____

_____

c. Muestra los pasos que sigues para resolver el problema. Estimación: 120 ÷ 3 = _____

d. Completa las oraciones:

Rosa tiene _____ plantas de margaritas.
Coloca el mismo número en cada una de las

_____ secciones.

Cada sección tiene _____ plantas.

A Rosa le sobran _____ plantas de margaritas.

19. PIENSA MÁS En una gaveta entran 3 cajas. En cada caja entran 3 carpetas. ¿Cuántas gavetas se necesitan para guardar 126 carpetas?

_____

20. PIENSA MÁS Para los números 20a y 20b, elige Sí o No para indicar si el primer dígito del cociente está en el lugar de las centenas.

20a.   1,523 ÷ 23   ○ Sí   ○ No

20b.   2,315 ÷ 9   ○ Sí   ○ No

Nombre _____

Ubicar el primer dígito

**Práctica y tarea
Lección 2.1**

ESTÁNDAR COMÚN—5.NBT.B.6
Efectúan cálculos con números enteros de múltiples dígitos y con decimales hasta las centésimas.

Divide.

1. 4)̄388

```
   97
4)388
  −36
   28
  −28
    0
```
_____97_____

2. 3)̄579

_____

3. 8)̄712

_____

4. 9)̄204

_____

5. 2,117 ÷ 3

_____

6. 520 ÷ 8

_____

7. 1,812 ÷ 4

_____

8. 3,476 ÷ 6

_____

Resolución de problemas · En el mundo

9. El departamento de teatro de la escuela recaudó $2,142 de la venta de boletos para las tres funciones de su obra. El departamento vendió la misma cantidad de boletos para cada función. Cada boleto costó $7. ¿Cuántos boletos vendió el departamento de teatro por función?

_____

10. Andreus ganó $625 por cortar el césped. Trabajó durante 5 días consecutivos y ganó la misma cantidad de dinero cada día. ¿Cuánto dinero ganó Andreus por día?

_____

11. **ESCRIBE** *Matemáticas* Escribe un problema que se resuelva usando la división. Incluye la ecuación y la solución, y explica cómo colocar el primer dígito en el cociente.

_____

Repaso de la lección (5.NBT.B.6)

1. Kenny coloca latas dentro de bolsas en el banco de alimentos. En cada bolsa caben 8 latas. ¿Cuántas bolsas necesitará Kenny para 1,056 latas?

2. Liz lustra anillos para un joyero. Puede lustrar 9 anillos por hora. ¿Cuántas horas tardará en lustrar 315 anillos?

Repaso en espiral (5.NBT.A.2, 5.NBT.B.5, 5.NBT.B.6)

3. Fiona usa 256 onzas fluidas de jugo para preparar 1 tazón de refresco de frutas. ¿Cuántas onzas fluidas usará para preparar 3 tazones de refresco de frutas?

4. Len quiere usar una base de 10 y un exponente para escribir el número 100,000. ¿Qué número debe usar como exponente?

5. Los pases familiares para un parque de diversiones cuestan $54 cada uno. Usa la propiedad distributiva para escribir una expresión que pueda usarse para hallar el costo en dólares de 8 pases familiares.

6. Gary organiza una merienda al aire libre. En la merienda habrá 118 invitados y Gary quiere que cada invitado reciba una porción de 12 onzas de ensalada. ¿Cuánta ensalada debe preparar?

Nombre _____

Lección 2.2

Dividir entre divisores de 1 dígito

Pregunta esencial ¿Cómo resuelves y compruebas problemas de división?

Estándares comunes Números y operaciones en base diez—5.NBT.B.6

PRÁCTICAS MATEMÁTICAS
MP1, MP2, MP8

Soluciona el problema (En el mundo)

La familia de Jenna planea hacer un viaje a Oceanside, California. Comenzarán el viaje en Scranton, Pennsylvania, y recorrerán 2,754 millas en 9 días. Si la familia recorre el mismo número de millas por día, ¿cuánto recorrerán cada día?

- Subraya la oración que indica lo que debes hallar.
- Encierra en un círculo los números que debes usar.

Divide. 2,754 ÷ 9

PASO 1

Usa una estimación para hallar el lugar del primer dígito del cociente.

Estima. 2,700 ÷ 9 = _____

El primer dígito del cociente está en el lugar

de las _____.

PASO 2

Divide las centenas.

PASO 3

Divide las decenas.

PASO 4

Divide las unidades.

9)2,754

Puesto que _____ está cerca de la estimación de _____, el resultado es razonable.

Entonces, la familia de Jenna recorrerá _____ millas por día.

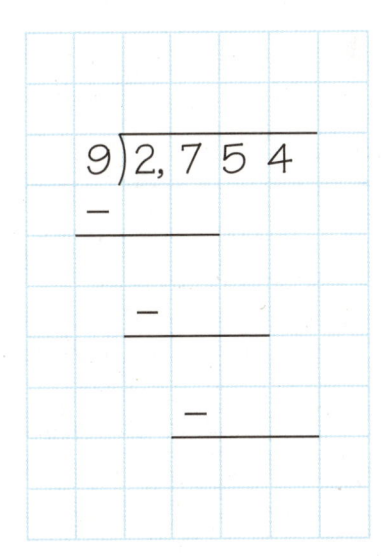

Charla matemática **PRÁCTICAS MATEMÁTICAS 2**

Razona Explica cómo sabes que el cociente es 306 y no 36.

Capítulo 2 93

RELACIONA La división y la multiplicación son operaciones inversas. Las operaciones inversas son operaciones opuestas que se cancelan entre sí. Puedes usar la multiplicación para comprobar el resultado de un problema de división.

🔑 Ejemplo Divide. Comprueba tu resultado.

Para comprobar el resultado de un problema de división, multiplica el cociente por el divisor. Si hay un residuo, súmalo al producto. El resultado debería ser igual al dividendo.

```
    102 r2
  6)614
   −6
    01
   −0
    14
   −12
     2
```

$$102 \leftarrow \text{cociente}$$
$$\times\ \ 6 \leftarrow \text{divisor}$$

$$+\ \ 2 \leftarrow \text{residuo}$$
$$ \leftarrow \text{dividendo}$$

Puesto que el resultado de la comprobación es igual al dividendo, la división es correcta.

Entonces, 614 ÷ 6 es igual a _____.

Puedes usar lo que sabes sobre cómo comprobar una división para hallar un valor desconocido.

¡Inténtalo! Halla el valor de *n* en la ecuación relacionada para hallar el número desconocido.

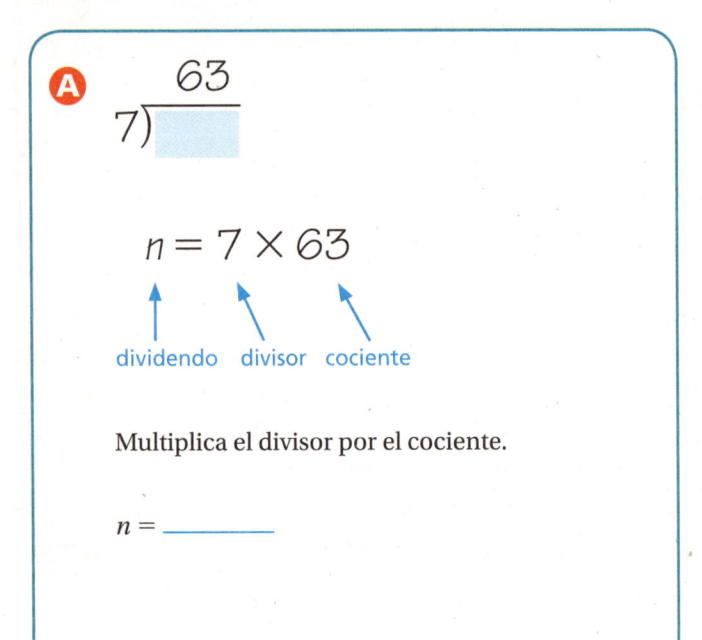

A
```
     63
  7)□
```

$$n = 7 \times 63$$

↑ dividendo   ↑ divisor   ↑ cociente

Multiplica el divisor por el cociente.

n = _____

B
```
     125 r □
  6)752
```

$$752 = 6 \times 125 + n$$

↑ dividendo   ↑ divisor   ↑ cociente   ↖ residuo

Multiplica el divisor por el cociente.

752 = 750 + *n*

Piensa: ¿Qué número sumado a 750 es igual a 752?

n = _____

Nombre _____

Comparte y muestra · MATH BOARD

Divide. Comprueba tu resultado.

1. 8)624   Comprueba.
2. 4)3,220   Comprueba.
3. 4)1,027   Comprueba.

Charla matemática — PRÁCTICAS MATEMÁTICAS 8
Generaliza Explica de qué manera la multiplicación puede ayudarte a comprobar un cociente.

Por tu cuenta

Divide.

4. 6)938
5. 4)762
6. 3)5,654
7. 8)475

Práctica: Copia y resuelve Divide.

8. 4)671
9. 9)2,023
10. 3)4,685
11. 8)948

12. $1{,}326 \div 4$
13. $5{,}868 \div 6$
14. $566 \div 3$
15. $3{,}283 \div 9$

PRÁCTICA MATEMÁTICA 2 Usa el razonamiento **Álgebra** Halla el valor de n en cada ecuación.
Escribe lo que representa n en el problema de división relacionado.

16. $n = 4 \times 58$

17. $589 = 7 \times 84 + n$

18. $n = 5 \times 67 + 3$

$n = $ _____

$n = $ _____

$n = $ _____

Capítulo 2 • Lección 2

Resolución de problemas • Aplicaciones

Usa la tabla para resolver los problemas 19 a 21.

19. Si con la pepita de oro Welcome se hicieran 3 lingotes de oro del mismo tamaño, ¿cuántas onzas troy pesaría cada lingote?

   _____

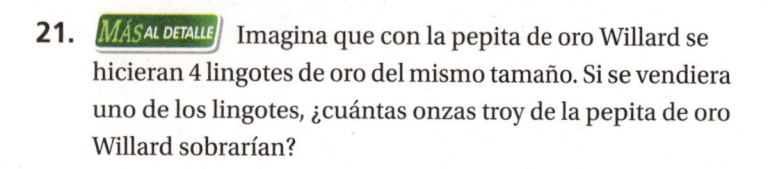

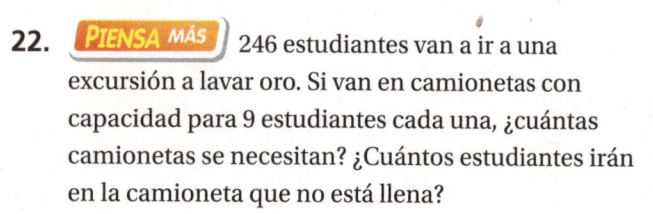

Pepitas de oro grandes encontradas

Nombre	Peso	Ubicación
Welcome Stranger	2,284 onzas troy	Australia
Welcome	2,217 onzas troy	Australia
Willard	788 onzas troy	California

20. **Plantea un problema** Vuelve a mirar el Problema 19. Escribe un problema similar, cambiando la pepita y el número de lingotes. Luego resuelve el problema.

   _____

   _____

   _____

ESCRIBE *Matemáticas*
Muestra tu trabajo

21. **MÁS AL DETALLE** Imagina que con la pepita de oro Willard se hicieran 4 lingotes de oro del mismo tamaño. Si se vendiera uno de los lingotes, ¿cuántas onzas troy de la pepita de oro Willard sobrarían?

   _____

22. **PIENSA MÁS** 246 estudiantes van a ir a una excursión a lavar oro. Si van en camionetas con capacidad para 9 estudiantes cada una, ¿cuántas camionetas se necesitan? ¿Cuántos estudiantes irán en la camioneta que no está llena?

   _____

23. **PIENSA MÁS** La maestra de Lily escribió un problema de división en el pizarrón. Con las siguientes cajas de vocabulario, rotula las partes del problema de división. Luego, usando el vocabulario, explica cómo Lily puede comprobar si el cociente de la maestra es correcto.

   _____

   _____

   cociente   divisor   dividendo

   $$9\overline{)738} = 82$$

96

Nombre _____

Dividir entre divisores de 1 dígito

**Práctica y tarea
Lección 2.2**

ESTÁNDAR COMÚN—5.NBT.B.6
Efectúan cálculos con números enteros de múltiples dígitos y con decimales hasta las centésimas.

Divide.

1. $4\overline{)724}$
2. $5\overline{)312}$
3. $278 \div 2$
4. $336 \div 7$

```
    181
4)724
   -4
    32
   -32
    04
   - 4
     0
```

_____181_____   _____   _____   _____

Halla el valor de *n* en cada ecuación. Escribe lo que representa *n* en el problema de división relacionado.

5. $n = 3 \times 45$

6. $643 = 4 \times 160 + n$

7. $n = 6 \times 35 + 4$

_____   _____   _____

Resolución de problemas · En el mundo

8. Randy tiene 128 onzas de alimento para perros. Le da a su perro 8 onzas de alimento por día. ¿Cuántos días durará el alimento para perros?

9. Angelina compró una lata de 64 onzas de mezcla para preparar limonada. Para cada jarra de limonada usa 4 onzas de mezcla. ¿Cuántas jarras de limonada puede preparar Angelina con la lata de mezcla?

_____   _____

10. **ESCRIBE** *Matemáticas* Usa un mapa para planear un viaje por Estados Unidos. Halla el número de millas entre tu ubicación actual y tu destino, y divide el millaje entre el número de días u horas que deseas viajar.

_____

_____

Capítulo 2   97

Repaso de la lección (5.NBT.B.6)

1. Una impresora a color imprime 8 páginas por minuto. ¿Cuántos minutos tarda en imprimir un informe que tiene 136 páginas?

2. Una coleccionista de postales tiene 1,230 postales. Si las coloca en páginas en las que caben 6 postales en cada una, ¿cuántas páginas necesita?

Repaso en espiral (5.NBT.A.1, 5.NBT.B.5, 5.NBT.B.6)

3. Francis compra un equipo de música a $196. Quiere pagarlo en cuatro cuotas mensuales iguales. ¿Cuánto pagará cada mes?

4. En una panadería se hornean 184 barras de pan en 4 horas. ¿Cuántas barras de pan se hornean en 1 hora?

5. Marvin colecciona tarjetas. Las guarda en cajas en las que caben 235 tarjetas en cada una. Si Marvin tiene 4 cajas llenas de tarjetas, ¿cuántas tarjetas tiene en su colección?

6. ¿Cuál es el valor del dígito 7 en el número 870,541?

Lección 2.3

Nombre _____

La división con divisores de 2 dígitos

Pregunta esencial ¿Cómo puedes usar bloques de base diez para representar y comprender la división de números enteros?

Estándares comunes
Números y operaciones en base diez—5.NBT.B.6
PRÁCTICAS MATEMÁTICAS
MP1, MP3, MP4, MP6

Investigar

Materiales ■ bloques de base diez

Hay 156 estudiantes en el coro de la Escuela Intermedia Carville. El director del coro quiere formar hileras de 12 estudiantes cada una para el próximo concierto. ¿Cuántas hileras habrá?

A. Usa bloques de base diez para representar el dividendo, 156.

B. Coloca 2 decenas debajo de la centena para formar un rectángulo. ¿Cuántos grupos de 12 representa el rectángulo? ¿Qué parte del dividendo no se representa en este rectángulo?

_____

C. Combina las decenas y unidades restantes para formar la mayor cantidad posible de grupos de 12. ¿Cuántos grupos de 12 hay?

_____

D. Coloca estos grupos de 12 a la derecha del rectángulo para formar un rectángulo más grande.

E. El rectángulo final representa _____ grupos de 12.

Entonces, habrá _____ hileras de 12 estudiantes.

Sacar conclusiones

1. **PRÁCTICA MATEMÁTICA 6** **Explica** por qué debes formar más grupos de 12 después del Paso B.

_____

_____

2. **PRÁCTICA MATEMÁTICA 6** Describe cómo puedes usar bloques de base diez. **Representa** el cociente de 176 ÷ 16.

_____

_____

_____

Capítulo 2   99

Hacer conexiones

Los dos conjuntos de grupos de 12 que hallaste en la sección Investigar son cocientes parciales. Primero hallaste 10 grupos de 12 y luego hallaste 3 grupos más de 12. Es posible que, a veces, debas reagrupar para poder representar un cociente parcial.

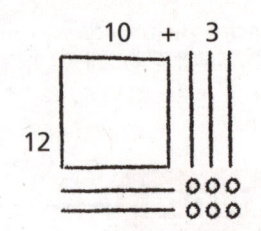

Puedes usar un dibujo rápido para anotar los productos parciales.

Divide. 180 ÷ 15

REPRESENTA Usa bloques de base diez.

PASO 1 Representa el dividendo, 180, como 1 centena y 8 decenas.
Forma un rectángulo con la centena y 5 decenas para representar el primer cociente parcial. En la sección Anota, tacha la centena y las decenas que uses.

El rectángulo representa _____ grupos de 15.

PASO 2 No se pueden hacer grupos adicionales de 15 sin reagrupar.

Reagrupa 1 decena en 10 unidades. En la sección Anota, tacha la decena reagrupada.

Ahora hay _____ decenas y _____ unidades.

PASO 3 Decide cuántos grupos adicionales de 15 se pueden hacer con las decenas y unidades restantes. El número de grupos es el segundo cociente parcial.

Incluye estos grupos de 15 para agrandar tu rectángulo. En la sección Anota, tacha las decenas y las unidades que uses.

Ahora hay _____ grupos de 15.

Entonces, 180 ÷ 15 es igual a _____.

ANOTA Usa dibujos rápidos.

Dibuja el primer cociente parcial.

Dibuja el primer cociente parcial y el segundo.

Charla matemática **PRÁCTICAS MATEMÁTICAS 8**

Explica cómo se **representa** el cociente.

Comparte y muestra

Usa el dibujo rápido para dividir.

1. 143 ÷ 13

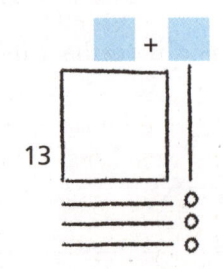

Nombre _____

Divide. Usa bloques de base diez.

2. 168 ÷ 12

3. 154 ÷ 14

4. 187 ÷ 11

Divide. Haz un dibujo rápido.

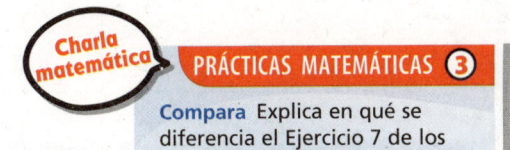

5. 165 ÷ 11

6. 216 ÷ 18

7. 182 ÷ 13

8. 228 ÷ 12

Charla matemática **PRÁCTICAS MATEMÁTICAS 3**

Compara Explica en qué se diferencia el Ejercicio 7 de los Ejercicios 6 y 8.

9. **MÁS AL DETALLE** El lunes, la sonda de Marte viajó 330 cm. El martes, viajó 180 cm. Si la sonda se detuvo cada 15 cm para reponer la carga, ¿cuántas veces más necesitó reponer la carga el lunes que las que necesitó el martes?

Capítulo 2 • Lección 3 101

PRÁCTICAS MATEMÁTICAS REPRESENTAR • RAZONAR • ENTENDER

Conectar con los Estudios Sociales

El Pony Express

El Pony Express contaba con hombres a caballo que entregaban la correspondencia entre St. Joseph, Missouri, y Sacramento, California, entre abril de 1860 y octubre de 1861. El camino entre las ciudades medía aproximadamente 2,000 millas de longitud. El primer viaje de St. Joseph a Sacramento les llevó 9 días y 23 horas. El primer viaje de Sacramento a St. Joseph les llevó 11 días y 12 horas.

Resuelve.

10. **PIENSA MÁS** Dos jinetes del Pony Express cabalgaron cada uno una parte de un viaje de 176 millas. Cada jinete cabalgó la misma cantidad de millas. Cambiaban de caballo cada 11 millas. ¿Cuántos caballos usó cada jinete?

    _____

11. **MÁS AL DETALLE** Imagina que un jinete del Pony Express cobraba $192 por 12 semanas de trabajo. Si cobraba lo mismo cada semana, ¿cuánto cobraba por 3 semanas de trabajo?

    _____

12. **PRÁCTICA MATEMÁTICA ①** **Analiza** Imagina que tres jinetes cabalgaron un total de 240 millas. Si usaron un total de 16 caballos y cabalgaron en cada caballo igual número de millas, ¿cuántas millas cabalgaron antes de reemplazar cada caballo?

    _____

13. **PIENSA MÁS** Imagina que 19 jinetes tardaron un total de 11 días y 21 horas en cabalgar desde St. Joseph hasta Sacramento. Si todos cabalgaron igual número de horas, ¿cuántas horas cabalgó cada jinete?

    _____

14. **PIENSA MÁS +** Unos científicos recolectan 144 muestras de rocas. Las muestras serán divididas entre 12 equipos de científicos para analizarlas. Haz un dibujo rápido para mostrar cómo se pueden dividir las muestras entre los 12 equipos.

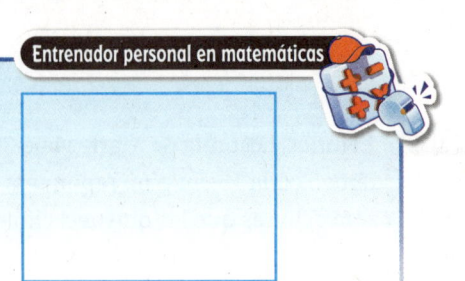

    Entrenador personal en matemáticas

102

Nombre _____

La división con divisores de 2 dígitos

**Práctica y tarea
Lección 2.3**

ESTÁNDAR COMÚN—5.NBT.B.6
Efectúan cálculos con números enteros de múltiples dígitos y con decimales hasta las centésimas.

Usa el dibujo rápido para dividir.

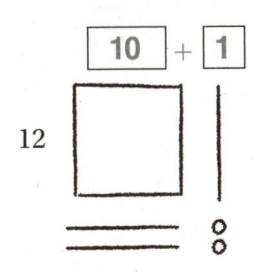

1. $132 \div 12 =$ __11__

   [10] + [1]
   12 [ ]

2. $168 \div 14 =$ _____

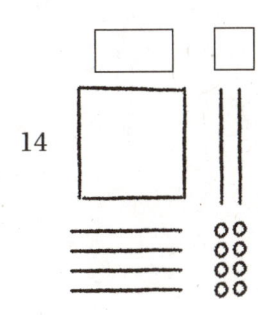

   [ ] [ ]
   14 [ ]

Divide. Haz un dibujo rápido.

3. $192 \div 16 =$ _____

4. $169 \div 13 =$ _____

Resolución de problemas · En el mundo

5. En un teatro hay 182 butacas. Las butacas están divididas en partes iguales en 13 hileras. ¿Cuántas butacas hay en cada hilera?

   _____

6. En un campamento de verano hay 156 estudiantes. En el campamento hay 13 cabañas. En cada cabaña duerme la misma cantidad de estudiantes. ¿Cuántos estudiantes duermen en cada cabaña?

   _____

7. **ESCRIBE** *Matemáticas* Escribe un problema de división que tenga un dividendo de tres dígitos y un divisor entre 10 y 20. Haz un dibujo rápido para mostrar cómo resolverlo.

   _____

   _____

Capítulo 2   103

Repaso de la lección (5.NBT.B.6)

1. En la liga de fútbol hay 198 estudiantes. En cada equipo de fútbol hay 11 jugadores. ¿Cuántos equipos de fútbol hay?

   _____

2. Jason ganó $187 por 17 horas de trabajo. ¿Cuánto ganó Jason por hora?

   _____

Repaso en espiral (5.OA.A.2, 5.NBT.A.1, 5.NBT.B.5, 5.NBT.B.6)

3. ¿Qué número representa seis millones setecientos mil veinte?

   _____

4. ¿Qué expresión representa el enunciado "Suma el producto de 3 y 6 a 4?"

   _____

5. Para transportar a 228 personas hasta una isla, el transbordador de la isla hace 6 viajes. En cada viaje, el transbordador transporta la misma cantidad de personas. ¿Cuántas personas transporta el transbordador en cada viaje?

   _____

6. Isabella vende 36 boletos para el concurso de talentos de la escuela. Cada boleto cuesta $14. ¿Cuánto dinero recauda Isabella con los boletos que vende?

   _____

PRACTICA MÁS CON EL Entrenador personal en matemáticas

Lección 2.4

Nombre _____

Cocientes parciales

Pregunta esencial ¿Cómo puedes usar cocientes parciales para dividir entre divisores de 2 dígitos?

Estándares comunes Números y operaciones en base diez—5.NBT.B.6
PRÁCTICAS MATEMÁTICAS
MP1, MP3, MP8

Soluciona el problema

En los Estados Unidos, cada persona consume alrededor de 23 libras de pizza al año. Si comieras esa cantidad de pizza por año, ¿en cuántos años comerías 775 libras de pizza?

- Vuelve a escribir en una oración el problema que debes resolver.
  _____
  _____

Usa cocientes parciales para dividir.

775 ÷ 23

PASO 1

Resta múltiplos del divisor del dividendo hasta que el número que quede sea menor que el múltiplo. Los cocientes parciales más fáciles de usar son los múltiplos de 10.

PASO 2

Resta múltiplos más pequeños del divisor hasta que el número que quede sea menor que el divisor. Luego suma los cocientes parciales para hallar el cociente.

COMPLETA EL PROBLEMA DE DIVISIÓN.

```
    23)775
   -____        10 × 23      10
    545
```

775 ÷ 23 es igual a _____ r _____.

Entonces, tardarías más de 33 años en comer 775 libras de pizza.

Recuerda
Según la pregunta, se puede usar o no un residuo para responderla. A veces, el cociente se ajusta según el residuo.

Ejemplo

Matías ayuda a su padre con el pedido de provisiones para su pizzería. Para la próxima semana, la pizzería necesitará 1,450 onzas de queso *mozzarella*. Cada paquete de queso pesa 32 onzas. Completa el trabajo de Matías y halla cuántos paquetes de queso *mozzarella* debe pedir.

```
    _____
32)1,450
  -  320        ____ × 32      ☐
    ─────
    1,130
  -   320       ____ × 32      ☐
    ─────
      810
  -   320       ____ × 32      ☐
    ─────
      490
  -   320       ____ × 32      ☐
    ─────
      170
  -   160       ____ × 32    + ☐
    ─────
       10
```

1,450 ÷ 32 es igual a _____ r _____.

Entonces, debe pedir _____ paquetes de queso *mozzarella*.

Charla matemática — **PRÁCTICAS MATEMÁTICAS** ⑧

Generaliza ¿Qué representa el residuo? Explica de qué manera el residuo afectará el resultado.

¡Inténtalo! Usa cocientes parciales diferentes para resolver el problema de arriba.

```
    _____
32)1,450
```

Idea matemática

Usar diferentes múltiplos del divisor para hallar cocientes parciales ofrece muchas maneras de resolver un problema de división. Algunas son más rápidas, pero con todas se llega al mismo resultado.

Nombre _____

Comparte y muestra

Divide. Usa cocientes parciales.

1. 18)648
2. 62)3,186
3. 858 ÷ 57

PRÁCTICAS MATEMÁTICAS 8

Generaliza Explica qué número entero es el mayor residuo posible si divides cualquier número entre 23.

Por tu cuenta

Divide. Usa cocientes parciales.

4. 73)584
5. 51)1,831
6. 82)2,964

7. 892 ÷ 26
8. 1,056 ÷ 48
9. 2,950 ÷ 67

Práctica: Copia y resuelve Divide. Usa cocientes parciales.

10. 653 ÷ 42
11. 946 ÷ 78
12. 412 ÷ 18
13. 871 ÷ 87

14. 1,544 ÷ 34
15. 2,548 ÷ 52
16. 2,740 ÷ 83
17. 4,135 ÷ 66

18. **MÁS AL DETALLE** La clase de quinto grado tendrá un día de campo el viernes. Habrá 182 estudiantes y 274 adultos. Se pueden sentar 12 personas en cada mesa. ¿Cuántas mesas se necesitarán?

_____

Capítulo 2 • Lección 4   107

Resolución de problemas • Aplicaciones

Usa la tabla para resolver los problemas 19 a 22.

Por año, cada estadounidense come alrededor de...
- 68 cuartos de palomitas de maíz
- 53 libras de pan
- 19 libras de manzanas
- 14 libras de pavo

19. ¿Cuántos años tardaría un estadounidense en comer 855 libras de manzanas?

20. ¿Cuántos años tardaría un estadounidense en comer 1,120 libras de pavo?

21. **MÁS AL DETALLE** Si 6 estadounidenses comen cada uno la cantidad promedio de palomitas de maíz durante 5 años, ¿cuántos cuartos de palomitas de maíz comerán en total?

22. **PRÁCTICA MATEMÁTICA ❶ Entiende los problemas** En los Estados Unidos, si una persona alcanza los 80 años de edad, habrá comido más de 40,000 libras de pan en su vida. ¿Tiene sentido este enunciado? Explica.

23. **PIENSA MÁS** Según un estudio, 9 personas comieron un total de 1,566 libras de papas en 2 años. Si cada persona comió la misma cantidad cada año, ¿cuántas libras de papas comió cada persona en 1 año?

24. **PIENSA MÁS** Nyree usó cocientes parciales para dividir 495 entre 24. Encuentra el cociente y el residuo. Usa números y palabras para explicar tu respuesta.

24)495

Práctica y tarea
Lección 2.4

Nombre _____

Cocientes parciales

ESTÁNDAR COMÚN—5.NBT.B.6
Efectúan cálculos con números enteros de múltiples dígitos y con decimales hasta las centésimas.

Divide. Usa cocientes parciales.

1. 18)236

```
18)236
  −180   ← 10 × 18    | 10
  ─────
    56
   −36   ← 2 × 18     |  2
  ─────
    20
   −18   ← 1 × 18     | + 1
  ─────
     2                  13
```

236 ÷ 18 es igual a 13 r2.

2. 36)540

3. 27)624

4. 514 ÷ 28

5. 322 ÷ 14

6. 715 ÷ 25

Resolución de problemas · En el mundo

7. En una fábrica se procesan 1,560 onzas de aceite de oliva por hora. El aceite se envasa en botellas de 24 onzas. ¿Cuántas botellas se rellenan en la fábrica en una hora?

8. En un hotel hay un estanque que contiene 4,290 galones de agua. El jardinero drena el estanque a una tasa de 78 galones de agua por hora. ¿Cuánto tardará en drenar todo el estanque?

9. **ESCRIBE** *Matemáticas* Explica en qué es similar dividir usando cocientes parciales a multiplicar usando la propiedad distributiva.

Capítulo 2   109

Repaso de la lección (5.NBT.B.6)

1. Yvette tiene que colocar 336 huevos en cartones. Coloca una docena de huevos en cada cartón. ¿Cuántos cartones completa?

2. Ned corta el césped de un jardín de 450 pies cuadrados en 15 minutos. ¿Cuántos pies cuadrados de césped corta en un minuto?

Repaso en espiral (5.NBT.A.1, 5.NBT.B.5, 5.NBT.B.6)

3. Raúl tiene 56 pelotas saltarinas. Coloca tres veces más pelotas en bolsas de regalo rojas que en bolsas de regalo verdes. Si coloca la misma cantidad de pelotas en cada bolsa, ¿cuántas pelotas coloca en cada bolsa verde?

4. Marcia usa 5 onzas de caldo de pollo para preparar una olla de sopa. Tiene un total de 400 onzas de caldo de pollo. ¿Cuántas ollas de sopa puede preparar Marcia?

5. Michelle compró 13 bolsas de grava para su acuario. Si cada bolsa pesa 12 libras, ¿cuántas libras de grava compró?

6. ¿Cómo se escribe el número 4,305,012 en forma desarrollada?

Nombre _____

✓ Revisión de la mitad del capítulo

Conceptos y destrezas

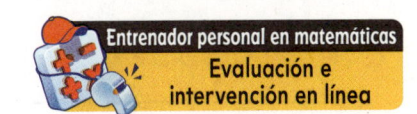

1. Explica de qué manera estimar el cociente te ayuda a hallar el lugar del primer dígito del cociente en un problema de división. (5.NBT.B.6)

_____

_____

2. Explica cómo usar la multiplicación para comprobar el resultado de un problema de división. (5.NBT.B.6)

_____

_____

_____

Divide. (5.NBT.B.6)

3. 633 ÷ 3

4. 487 ÷ 8

5. 1,641 ÷ 4

6. 2,765 ÷ 9

Divide. Usa cocientes parciales. (5.NBT.B.6)

7. 156 ÷ 13

8. 318 ÷ 53

9. 1,562 ÷ 34

10. 4,024 ÷ 68

Capítulo 2 111

11. Emma organiza una fiesta para 128 invitados. Si se pueden sentar 8 invitados por mesa, ¿cuántas mesas se necesitarán en la fiesta? (5.NBT.B.6)

12. Cada boleto para el partido de básquetbol cuesta $14. Si se recaudaron $2,212 con la venta de los boletos, ¿cuántos boletos se vendieron? (5.NBT.B.6)

13. Marga usó 864 cuentas para hacer collares para el club de arte. Hizo 24 collares con las cuentas. Si cada collar tiene igual número de cuentas, ¿cuántas cuentas usó Marga en cada collar? (5.NBT.B.6)

14. Angie necesita comprar 156 velas para una fiesta. Cada paquete tiene 8 velas. ¿Cuántos paquetes debería comprar Angie? (5.NBT.B.6)

15. MÁS AL DETALLE Max entrega 8,520 piezas de correo en un año. Si entrega el mismo número de piezas de correo cada mes, ¿aproximadamente cuántas piezas de correo entrega en 2 meses? Explica los pasos que seguiste. (5.NBT.B.6)

Lección 2.5

Nombre _____

Estimar con divisores de 2 dígitos

Pregunta esencial ¿Cómo puedes usar números compatibles para estimar cocientes?

Estándares comunes Números y operaciones en base diez—5.NBT.B.6
PRÁCTICAS MATEMÁTICAS
MP1, MP2, MP3

RELACIONA Para estimar cocientes, puedes usar números compatibles que se hallan usando operaciones básicas y patrones.

$$35 \div 5 = 7 \quad \leftarrow \text{operación básica}$$
$$350 \div 50 = 7$$
$$3,500 \div 50 = 70$$
$$35,000 \div 50 = 700$$

Soluciona el problema · En el mundo

La plataforma de observación de la torre Willis de Chicago, Illinois, está a 1,353 pies de altura. Los elevadores llevan a los visitantes hasta ese nivel en 60 segundos. ¿Aproximadamente cuántos pies suben los elevadores por segundo?

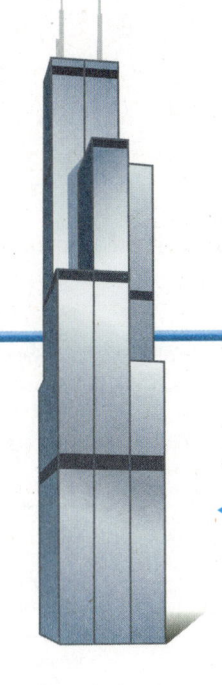

◀ La torre Willis, antes conocida como la torre Sears, es el edificio más alto de los Estados Unidos.

Estima. 1,353 ÷ 60

PASO 1

Usa dos conjuntos de números compatibles para hallar dos estimaciones diferentes.

$1,353 \div 60$ → $1,200 \div 60$

$1,353 \div 60$ → $1,800 \div 60$

PASO 2

Usa patrones y operaciones básicas como ayuda para hacer la estimación.

12 ÷ 6 = _____   18 ÷ 6 = _____
120 ÷ 60 = _____   _____ ÷ _____ = _____
1,200 ÷ 60 = _____   _____ ÷ _____ = _____

Los elevadores suben aproximadamente entre _____ y _____ pies por segundo.

La estimación más razonable es _____ porque

_____ está más cerca de 1,353 que _____.

Entonces, los elevadores de la plataforma de observación de la torre

Willis suben aproximadamente _____ pies por segundo.

Capítulo 2 113

Ejemplo Estima dinero.

Miriam ha ahorrado $650 para usar durante un viaje de 18 días a Chicago. No quiere quedarse sin dinero antes de terminar el viaje, entonces planea gastar aproximadamente la misma cantidad todos los días. Estima cuánto puede gastar por día.

Estima. 18)$650

$600 ÷ _____ = $30   o   _____ ÷ 20 = $40

Entonces, Miriam puede gastar aproximadamente _____ a _____ por día.

Charla matemática

PRÁCTICAS MATEMÁTICAS 1

Analiza ¿Sería más razonable buscar una estimación o un resultado exacto para este ejemplo? Explica tu razonamiento.

- **PRÁCTICA MATEMÁTICA 2** **Usa el razonamiento** ¿Qué estimación crees que sería mejor que Miriam use? Explica tu razonamiento. _____

¡Inténtalo! Usa números compatibles.

Halla dos estimaciones.

52)415

Estima el cociente.

38)$2,764

Comparte y muestra MATH BOARD

Usa números compatibles para hallar dos estimaciones.

1. 22)154
   140 ÷ 20 = _____
   160 ÷ 20 = _____

2. 68)503

3. 81)7,052

4. 33)291

5. 58)2,365

6. 19)5,312

114

Nombre _____

Por tu cuenta

Usa números compatibles para hallar dos estimaciones.

7. $42\overline{)396}$

8. $59\overline{)413}$

9. $28\overline{)232}$

Usa números compatibles para estimar el cociente.

10. $19\overline{)228}$

11. $25\overline{)\$595}$

12. $86\overline{)7,130}$

13. **MÁS AL DETALLE** En un vivero se organizan 486 manzanas verdes en 12 canastas verdes y 633 manzanas rojas en 31 canastas rojas. Usa la estimación para decidir qué color de canasta tiene más manzanas. ¿Aproximadamente cuántas manzanas hay en cada canasta de ese color?

   _____

14. El dueño de una tienda compró una caja grande con 5,135 sujetapapeles. Quiere reempacar los sujetapapeles en 18 cajas más pequeñas. Cada caja debería contener aproximadamente el mismo número de sujetapapeles. ¿Cuántos sujetapapeles debería poner el dueño de la tienda en cada caja, aproximadamente?

   _____

15. Explica cómo puedes usar números compatibles para estimar el cociente de $925 \div 29$.

   _____

   _____

   _____

   _____

Capítulo 2 • Lección 5

Resolución de problemas • Aplicaciones

Usa la ilustración para responder las preguntas 16 y 17.

16. **PIENSA MÁS** Haz una estimación para decidir cuál de los edificios tiene los pisos más altos. Aproximadamente, ¿cuántos metros tiene cada piso?

_____

17. **PRÁCTICA MATEMÁTICA 3** **Argumenta** Aproximadamente, ¿cuántos metros de altura tiene cada piso en el edificio Chrysler? Usa lo que sabes sobre estimación de cocientes para justificar tu respuesta.

_____

_____

275 metros, 64 pisos, torre Williams, Texas

295 metros, 76 pisos, Columbia Center, Washington

319 metros, 77 pisos, edificio Chrysler, New York

18. **ESCRIBE** *Matemáticas* Explica cómo sabes si el cociente de 298 ÷ 31 está más cerca de 9 o de 10.

_____

_____

ESCRIBE *Matemáticas*
Muestra tu trabajo

19. **MÁS AL DETALLE** Eli necesita ahorrar $235. Para ganar dinero, planea cortar el césped y cobrar $21 por cada jardín. Escribe dos estimaciones que podría usar Eli para determinar en cuántos jardines debe cortar el césped. Decide qué estimación sería la mejor para que use Eli. Explica tu razonamiento.

_____

_____

_____

20. **PIENSA MÁS** Anik construyó una torre de cubos que medía 594 milímetros de alto. La altura de cada cubo era de 17 milímetros. ¿Cuántos cubos usó Anik aproximadamente? Explica tu respuesta.

_____

116

Práctica y tarea
Lección 2.5

Nombre _____

Estimar con divisores de 2 dígitos

ESTÁNDAR COMÚN—5.NBT.B.6
Efectúan cálculos con números enteros de múltiples dígitos y con decimales hasta las centésimas.

Usa números compatibles para hallar dos estimaciones.

1. 18)1,322

   1,200 ÷ 20 = 60

   1,400 ÷ 20 = 70

2. 12)478

3. 336 ÷ 12

4. 2,242 ÷ 33

Usa números compatibles para estimar el cociente.

5. 82)5,514

6. 61)5,320

7. 28)776

8. 23)1,624

Resolución de problemas · En el mundo

9. Una yarda cúbica de mantillo pesa 4,128 libras. ¿Aproximadamente cuántas bolsas de 50 libras de mantillo puedes llenar con una yarda cúbica de mantillo?

   _____

10. Una tienda de artículos electrónicos encarga 2,665 dispositivos USB. En una caja de envío caben 36 dispositivos. ¿Aproximadamente cuántas cajas se necesitarán para poner todos los dispositivos?

    _____

11. **ESCRIBE** *Matemáticas* Crea un problema de división con un divisor de 2 dígitos. Usa más de 1 conjunto de números compatibles, observa qué sucede cuando estimas usando un divisor diferente, un dividendo diferente y cuando ambos son diferentes. Usa una calculadora, compara las estimaciones a la respuesta y describe las diferencias.

Capítulo 2   117

Repaso de la lección (5.NBT.B.6)

1. Marcy tiene 567 orejeras para vender. Si puede poner 18 orejeras en cada estante, ¿aproximadamente cuántos estantes necesita para todas las orejeras?

2. Howard paga $327 por una docena de tarjetas de béisbol de una edición de colección. ¿Aproximadamente cuánto paga por cada tarjeta de béisbol?

Repaso en espiral (5.NBT.A.1, 5.NBT.B.5, 5.NBT.B.6)

3. Andrew puede enmarcar 9 fotografías por día. Tiene un pedido de 108 fotografías. ¿Cuántos días tardará en completar el pedido?

4. Madelaine puede mecanografiar 3 páginas en una hora. ¿Cuántas horas tardará en mecanografiar un informe de 123 páginas?

5. Supón que redondeas 43,257,529 a 43,300,000. ¿A qué valor posicional redondeaste el número?

6. El servicio de comidas de Grace recibió un pedido de 118 tartas de manzana. Grace usa 8 manzanas para preparar una tarta. ¿Cuántas manzanas necesita para preparar las 118 tartas de manzana?

PRACTICA MÁS CON EL Entrenador personal en matemáticas

118

Lección 2.6

Nombre _____

Dividir entre divisores de 2 dígitos

Pregunta esencial ¿Cómo puedes dividir entre divisores de 2 dígitos?

Estándares comunes Números y operaciones en base diez—5.NBT.B.6
PRÁCTICAS MATEMÁTICAS
MP1, MP2, MP8

🔑 Soluciona el problema · En el mundo

El Sr. Yates tiene una tienda de batidos. Para preparar una tanda de sus famosos batidos de naranja, usa 18 onzas de jugo de naranja recién exprimido. Exprime 560 onzas de jugo de naranja fresco por día. ¿Cuántas tandas de batido de naranja puede preparar el Sr. Yates por día?

- Subraya la oración que indica lo que debes hallar.
- Encierra en un círculo los números que debes usar.

🔑 **Divide.** 560 ÷ 18   **Estima.** _____

PASO 1 Usa la estimación para hallar el lugar del primer dígito del cociente.

18)‾560   El primer dígito del cociente estará en el lugar

de las _____.

PASO 2 Divide las decenas.

```
    3
18)‾560
  −54
    2
```

Divide.   _56 decenas ÷ 18_

Multiplica. _____

Resta.   _____

Comprueba. 2 decenas no pueden dividirse entre 18 grupos sin reagrupar.

PASO 3 Divide las unidades.

```
    31r2
18)‾560
  −54↓
    20
   −18
     2
```

Divide.   _____

Multiplica. _____

Resta.   _____

Comprueba. _____

Puesto que 31 está cerca de la estimación de 30, el resultado es razonable. Entonces, el Sr. Yates puede preparar 31 tandas de batido de naranja por día.

Charla matemática **PRÁCTICAS MATEMÁTICAS ①**

Describe qué representa el residuo 2.

Capítulo 2   119

🔑 Ejemplo

Todos los miércoles, el Sr. Yates hace un pedido de frutas. Tiene guardados $1,250 para comprar naranjas de Valencia. Cada caja de naranjas de Valencia cuesta $41. ¿Cuántas cajas de naranjas de Valencia puede comprar el Sr. Yates?

Puedes usar la multiplicación para comprobar tu resultado.

Divide. 1,250 ÷ 41

DIVIDE

Estima. _____

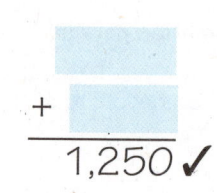

```
      30 r20
 41)1,250
    -
     ___
     ___
    -
     ___
```

COMPRUEBA TU TRABAJO

```
    30
  × 41
   ___
    30
+1,200
  _____
```

```
      ___
    + ___
     _____
     1,250 ✓
```

Entonces, el Sr. Yates puede comprar _____ cajas de naranjas de Valencia.

¡Inténtalo! Divide. Comprueba tu resultado.

A 63)756

B 22)4,692

120

Nombre _____

Comparte y muestra

Divide. Comprueba tu resultado.

1. 28)620
2. 64)842
3. 53)2,340

4. 723 ÷ 31
5. 1,359 ÷ 45
6. 7,925 ÷ 72

PRÁCTICAS MATEMÁTICAS 8

Generaliza Explica por qué puedes usar la multiplicación para comprobar la división.

Por tu cuenta

Divide. Comprueba tu resultado.

7. 16)346
8. 34)421
9. 77)851

10. 21)1,098
11. 32)6,466
12. 45)9,500

13. **MÁS AL DETALLE** Una ciudad tiene 7,204 recipientes para reciclaje. La ciudad le da la mitad de los recipientes para reciclaje a sus residentes. El resto de los recipientes para reciclaje están en los parques y se dividen en 23 grupos iguales. ¿Cuántos recipientes para reciclaje sobran?

Práctica: Copia y resuelve Divide. Comprueba tu resultado.

14. 775 ÷ 35
15. 820 ÷ 41
16. 805 ÷ 24
17. 1,166 ÷ 53
18. 1,989 ÷ 15
19. 3,927 ÷ 35

Capítulo 2 • Lección 6

PRÁCTICAS MATEMÁTICAS ANALIZAR • BUSCAR ESTRUCTURAS • PRECISIÓN

Resolución de problemas • Aplicaciones (En el mundo)

Usa la lista que está a la derecha para resolver los problemas 20 a 22.

20. MÁS AL DETALLE Una tienda de batidos recibe un pedido de 968 onzas de jugo de uva y 720 onzas de jugo de naranja. ¿Cuántos batidos Morado Real más que batidos Tango Anaranjado se podrán hacer con el pedido?

Ingredientes principales de los batidos

Batido Tango Anaranjado
18 onzas de jugo de naranja
12 onzas de jugo de mango

Batido Morado Real
22 onzas de jugo de uva
8 onzas de jugo de manzana

Batido Arándano Loco
20 onzas de jugo de arándano
10 onzas de jugo de maracuyá

21. PIENSA MÁS La tienda tiene 1,260 onzas de jugo de arándano y 650 onzas de jugo de maracuyá. Si estos jugos se usan para hacer los batidos Arándano Loco, ¿qué jugo se terminará primero? ¿Qué cantidad del otro jugo sobrará?

ESCRIBE Matemáticas • Muestra tu trabajo

22. PRÁCTICA MATEMÁTICA ❷ Usa el razonamiento Hay 680 onzas de jugo de naranja y 410 onzas de jugo de mango en el refrigerador. ¿Cuántos batidos Tango Anaranjado se pueden preparar? Explica tu razonamiento.

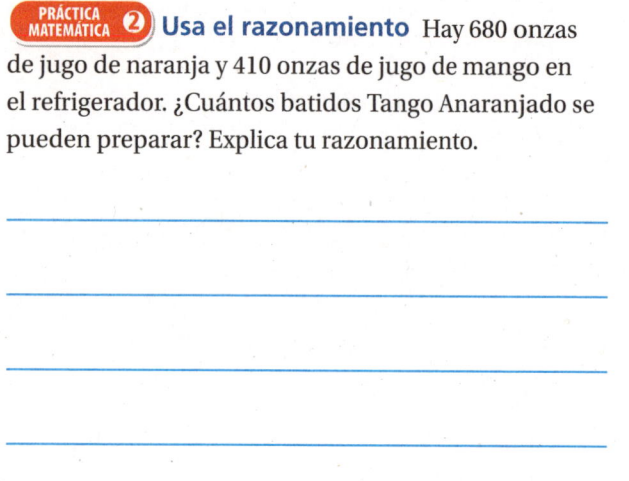

Entrenador personal en matemáticas

23. PIENSA MÁS + Para los números 23a y 23b, selecciona Verdadero o Falso para cada operación.

23a. 1,585 ÷ 16 es 99 r1.   ○ Verdadero   ○ Falso

23b. 1,473 ÷ 21 es 70 r7.   ○ Verdadero   ○ Falso

122

Nombre _____

Dividir entre divisores de 2 dígitos

**Práctica y tarea
Lección 2.6**

ESTÁNDAR COMÚN—5.NBT.B.6
Efectúan cálculos con números enteros de múltiples dígitos y con decimales hasta las centésimas.

Divide. Comprueba tu resultado.

1. 385 ÷ 12

```
      32 r1
   12)385
      −36
       25
      −24
        1
```

2. 837 ÷ 36

3. 1,650 ÷ 55

4. 5,634 ÷ 18

5. 28)6,440

6. 52)5,256

7. 85)1,955

8. 46)5,624

Resolución de problemas · En el mundo

9. Los obreros de una fábrica producen 756 repuestos para máquinas en 36 horas. Supón que los obreros producen la misma cantidad de repuestos cada hora. ¿Cuántos repuestos producen cada hora?

_____

10. En una bolsa caben 12 tornillos. Varias bolsas llenas de tornillos se colocan en una caja y se envían a la fábrica. En la caja hay un total de 2,760 tornillos. ¿Cuántas bolsas de tornillos hay en la caja?

_____

11. **ESCRIBE** *Matemáticas* Elige un problema que resolviste en la lección, y resuélvelo usando el método de cociente parcial. Compara los métodos para resolver los problemas. Menciona el método que te gustó más y explica por qué.

_____

_____

_____

_____

Capítulo 2 123

Repaso de la lección (5.NBT.B.6)

1. En una panadería se colocan 868 magdalenas en 31 cajas. En cada caja se coloca la misma cantidad de magdalenas. ¿Cuántas magdalenas hay en cada caja?

2. Maggie hace un pedido de 19 cajas de regalo idénticas. La compañía Envíos al Instante embala y envía las cajas a $1,292. ¿Cuánto cuesta embalar y enviar cada caja?

Repaso en espiral (5.NBT.A.1, 5.NBT.B.6)

3. ¿Cuál es la forma normal del número cuatro millones doscientos dieciséis mil noventa?

4. Kelly y 23 amigos salen a patinar. Pagan un total de $186. ¿Aproximadamente cuánto cuesta por persona salir a patinar?

5. En dos días, Gretchen bebe siete botellas de 16 onzas de agua. Bebe el agua en 4 raciones iguales. ¿Cuántas onzas de agua bebe Gretchen en cada ración?

6. ¿Cuál es el valor del dígito subrayado en 5,4̲36,788?

124

Lección 2.7

Nombre _____

Interpretar el residuo

Pregunta esencial Cuando resuelves un problema de división, ¿cuándo escribes el residuo en forma de fracción?

Estándares comunes Números y operaciones en base diez—
5.NF.B.3 También 5.NBT.B.6
PRÁCTICAS MATEMÁTICAS
MP2, MP3, MP4

Soluciona el problema En el mundo

Scott y su familia quieren hacer una caminata por un sendero de 1,365 millas de longitud. Recorrerán partes iguales del sendero en 12 caminatas diferentes. ¿Cuántas millas recorrerá la familia de Scott en cada caminata?

- Encierra en un círculo el dividendo que usarás para resolver el problema de división.
- Subraya el divisor que usarás para resolver el problema de división.

Cuando resuelves un problema de división que tiene un residuo, la manera de interpretar el residuo depende de la situación y de la pregunta. A veces, debes usar tanto el cociente como el residuo. Puedes hacerlo escribiendo el residuo como una fracción.

De una manera Escribe el residuo como una fracción.

Primero, divide para hallar el cociente y el residuo.

Luego, decide cómo usar el cociente y el residuo para responder la pregunta.

- El _____ representa el número de caminatas que Scott y su familia tienen planeado hacer.

- El _____ representa la parte entera del número de millas que Scott y su familia recorrerán en cada caminata.

- El _____ representa el número de millas que sobran.

- El residuo representa 9 millas, que también pueden dividirse en 12 partes y escribirse como una fracción.

$$\frac{\text{residuo}}{\text{divisor}} \rightarrow \underline{\qquad}$$

- Escribe el cociente con el residuo expresado como una fracción en su mínima expresión.

_____

Entonces, Scott y su familia recorrerán _____ millas en cada caminata.

$12 \overline{)1,365}$

Capítulo 2   125

🔑 De otra manera Usa solo el cociente.

El segmento del sendero de los Apalaches que atraviesa Pennsylvania mide 232 millas de longitud. Scott y su familia quieren caminar 9 millas del sendero por día. ¿Cuántos días caminarán exactamente 9 millas?

- Divide para hallar el cociente y el residuo.
- Como el residuo indica que no hay suficientes millas restantes para poder caminar 9 millas otro día, no se usa en el resultado.

$$9\overline{)232}$$

Entonces, caminarán exactamente 9 millas por día durante _____ días.

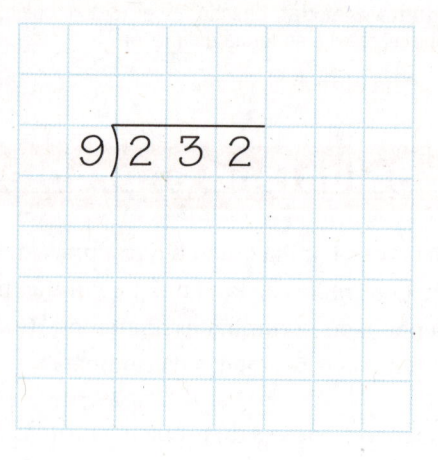

🔑 De otras maneras

A Suma 1 al cociente.

¿Cuál es el número total de días que Scott necesitará para recorrer 232 millas?

- Para recorrer las 7 millas restantes, necesitará 1 día más.

Entonces, Scott necesitará _____ días para recorrer 232 millas.

B Usa el residuo como resultado.

Si Scott camina 9 millas todos los días excepto el último, ¿cuántas millas caminará el último día?

- El residuo es 7.

Entonces, Scott caminará _____ millas el último día.

¡Inténtalo!

Una tienda de artículos deportivos va a hacer un envío de 1,252 bolsas de dormir. En cada caja caben 8 bolsas de dormir. ¿Cuántas cajas se necesitan para enviar todas las bolsas de dormir?

$$\begin{array}{r} 1 \\ 8\overline{)1{,}252} \\ -8 \\ \hline 45 \\ - \\ \hline 2 \\ - \\ \hline \end{array}$$

Puesto que sobran _____ bolsas de dormir, se necesitarán,

_____ cajas para todas las bolsas de dormir.

Charla matemática PRÁCTICAS MATEMÁTICAS ④

Haz un modelo Explica por qué no escribirías el residuo como una fracción cuando halles la cantidad de cajas necesarias en la sección Inténtalo.

Nombre _____

Comparte y muestra

Interpreta el residuo para resolver los problemas.

1. Erika y Bradley quieren recorrer el sendero Big Cypress caminando. Caminarán 75 millas en total.
Si Erika y Bradley tienen planeado caminar durante 12 días, ¿cuántas millas caminarán por día?

   a. Divide para hallar el cociente y el residuo.

   b. Decide cómo usar el cociente y el residuo para responder la pregunta.

   _____

2. **¿Qué pasaría si** Erika y Bradley quisieran caminar 14 millas por día? ¿Cuántos días caminarían exactamente 14 millas?

3. El club de excursionistas de Dylan tiene planeado pasar la noche en un alojamiento para campistas. Cada habitación grande tiene capacidad para 15 excursionistas. Hay 154 excursionistas. ¿Cuántas habitaciones van a necesitar?

Por tu cuenta

Interpreta el residuo para resolver los problemas.

4. **MÁS AL DETALLE** Los 24 estudiantes de una clase se reparten 48 rodajas de manzana y 36 rodajas de naranja en partes iguales. ¿Cuántos pedazos de fruta recibió cada estudiante?

5. Fiona tiene 212 adhesivos para poner en su libro de adhesivos. Puede poner 18 adhesivos en cada página. ¿Cuántas páginas necesita Fiona para todos sus adhesivos?

6. Un total de 123 estudiantes de quinto grado visitarán el Parque Histórico Estatal Fort Verde. En cada autobús caben 38 estudiantes. Todos los autobuses están completos excepto uno. ¿Cuántos estudiantes habrá en el autobús que no está completo?

7. **PRÁCTICA MATEMÁTICA 3 Verifica el razonamiento de otros** Sheila dividirá una cinta de 36 pulgadas en 5 trozos iguales. Dice que cada trozo medirá 7 pulgadas de longitud. ¿Cuál es el error de Sheila?

Capítulo 2 • Lección 7

PRÁCTICAS MATEMÁTICAS REPRESENTAR • RAZONAR • ENTENDER

Soluciona el problema En el mundo

8. Maureen tiene 243 onzas de frutos secos surtidos. Reparte los frutos en 15 bolsas con la misma cantidad de onzas cada una. ¿Cuántas onzas de frutos secos surtidos le sobran?

a. ¿Qué debes hallar? _____

b. ¿Cómo usarás la división para hallar cuántas onzas de frutos secos surtidos sobran?

_____

_____

c. Muestra los pasos que seguiste para resolver el problema.

d. Completa las oraciones.

Maureen tiene _____ onzas de frutos secos surtidos.

Coloca la misma cantidad de frutos en cada una de las _____ bolsas.

Cada bolsa contiene _____ onzas de frutos secos surtidos.

Le sobran _____ onzas de frutos secos surtidos.

9. **PIENSA MÁS** James tiene una cuerda de 884 pies. Hay 12 equipos de excursionistas. Si James le da la misma cantidad de cuerda a cada equipo, ¿qué cantidad de cuerda recibirá cada equipo?

_____

10. **PIENSA MÁS** Rory trabaja en una planta de envasado. La semana pasada envasó 2,172 fresas y las colocó en envases de 8 fresas cada uno. ¿Cuántos envases de 8 fresas llenó Rory? Explica cómo usaste el cociente y el residuo para contestar la pregunta.

_____

_____

_____

Práctica y tarea
Lección 2.7

Nombre _____

Interpretar el residuo

ESTÁNDAR COMÚN—5.NF.B.3
Aplican y extienden conocimientos previos de multiplicación y división para multiplicar y dividir fracciones.

Interpreta el residuo para resolver los problemas.

1. Warren tardó 140 horas en hacer 16 camiones de juguete de madera para una feria de artesanías. Si tarda la misma cantidad de tiempo en hacer cada camión, ¿cuántas horas tardó en hacer cada camión?

$$16\overline{)140}$$
$$\underline{-128}$$
$$12$$

$8\frac{3}{4}$ horas

2. Marcia tiene 412 ramos de flores para armar centros de mesa. Para cada centro de mesa usa 8 flores. ¿Cuántos centros de mesa puede armar?

Resolución de problemas · En el mundo

3. En un campamento hay cabañas para 28 campistas. Hay 148 campistas que están de visita en el campamento. ¿Cuántas cabañas estarán llenas si hay 28 campistas en cada cabaña?

4. Jenny tiene 220 onzas de solución limpiadora que quiere dividir en partes iguales en 12 recipientes grandes. ¿Qué cantidad de solución limpiadora debe colocar en cada recipiente?

5. **ESCRIBE** *Matemáticas* Supón que tienes 192 canicas en grupos de 15 canicas cada uno. Halla el número de grupos de canicas que tienes. Escribe el cociente con el residuo escrito como fracción. Explica qué significa la fracción en tu resultado.

_____
_____
_____
_____

Capítulo 2

Repaso de la lección (5.NF.B.3)

1. Henry y 28 compañeros van a la pista de patinaje. En cada camioneta entran 11 estudiantes. Si todas las camionetas menos una están completas, ¿cuántos estudiantes hay en la camioneta que no está completa?

2. Candy compra 20 onzas de frutos secos surtidos. En cada una de las 3 bolsas que tiene coloca igual cantidad de onzas. ¿Cuántas onzas de frutos secos surtidos hay en cada bolsa? Escribe la respuesta como un número entero y una fracción.

Repaso en espiral (5.NBT.B.5, 5.NBT.B.6)

3. Jayson gana $196 cada semana por embolsar alimentos en la tienda. Cada semana ahorra la mitad de lo que gana. ¿Cuánto dinero ahorra Jayson por semana?

4. Desiree nada largos durante 25 minutos cada día. ¿Cuántos minutos habrá nadado largos al cabo de 14 días?

5. Steve participará en un maratón de ciclismo con fines benéficos. Recorrerá en bicicleta 144 millas por día durante 5 días. ¿Cuántas millas recorrerá Steve en los 5 días?

6. Karl construye un patio. Tiene 136 ladrillos. Quiere que en el patio haya 8 hileras y que en cada hilera haya la misma cantidad de ladrillos. ¿Cuántos ladrillos colocará Karl en cada hilera?

Lección 2.8

Nombre _____

Ajustar los cocientes

Pregunta esencial ¿Cómo puedes ajustar el cociente si tu estimación es muy alta o muy baja?

Estándares comunes Números y operaciones en base diez—5.NBT.B.6
PRÁCTICAS MATEMÁTICAS
MP1, MP6, MP7

RELACIONA Cuando haces una estimación para decidir dónde colocar el primer dígito, también puedes usar el primer dígito de tu estimación para hallar el primer dígito de tu cociente. A veces, una estimación es demasiado baja o demasiado alta.

Divide. 3,382 ÷ 48

Estima. 3,000 ÷ 50 = 60

Intenta con 6 decenas.

Si una estimación es demasiado baja, la diferencia será mayor que el divisor.

```
      6
48)3,382
   -2 88
      50
```
Como la estimación es demasiado baja, aumenta el número en el cociente para ajustar.

Divide. 453 ÷ 65

Estima. 490 ÷ 70 = 7

Intenta con 7 unidades.

Si una estimación es demasiado alta, el producto con el primer dígito será demasiado grande y no podrá restarse.

```
     7
65)453
  -455
```
Como la estimación es demasiado alta, reduce el número en el cociente para ajustar.

Soluciona el problema · En el mundo

Un nuevo grupo musical hace 6,127 copias de su primer CD. El grupo vende 75 copias del CD en cada uno de sus conciertos. ¿Cuántos conciertos debe dar el grupo para vender todos los CD?

🔑 **Divide.** 6,127 ÷ 75   **Estima.** 6,300 ÷ 70 = 90

PASO 1 Usa la estimación, 90. Intenta con 9 decenas.

- ¿La estimación es demasiado alta, demasiado baja o correcta?

  _____

- Si es necesario, ajusta el número en el cociente.

PASO 2 Estima el dígito que sigue en el cociente.
Divide las unidades.
Estima: 140 ÷ 70 = 2.
Intenta con 2 unidades.

- ¿La estimación es demasiado alta, demasiado baja o correcta?

  _____

- Si es necesario, ajusta el número en el cociente.

Entonces, el grupo debe dar _____ conciertos para vender todos los CD.

```
75)6,127
```

Capítulo 2 131

¡Inténtalo! Cuando la diferencia es igual al divisor o mayor que él, la estimación es demasiado baja.

Divide. 336 ÷ 48   **Estima.** 300 ÷ 50 = 6

Usa la estimación.

Intenta con 6 unidades.

$$\begin{array}{r} 6 \\ 48{\overline{\smash{\big)}\,336}} \end{array}$$

Puesto que _____, la estimación

es _____.

336 ÷ 48 = ____

Ajusta el dígito estimado en el cociente si es necesario. Luego divide.

Intenta con _____.

Charla matemática PRÁCTICAS MATEMÁTICAS 6

Explica por qué podría resultar útil usar la estimación más cercana para resolver un problema de división.

Comparte y muestra

Ajusta el dígito estimado en el cociente si es necesario. Luego divide.

1. $\begin{array}{r} 4 \\ 41{\overline{\smash{\big)}\,1{,}546}} \end{array}$

2. $\begin{array}{r} 2 \\ 16{\overline{\smash{\big)}\,416}} \end{array}$

3. $\begin{array}{r} 9 \\ 34{\overline{\smash{\big)}\,2{,}831}} \end{array}$

Divide.

4. $19{\overline{\smash{\big)}\,915}}$

5. $28{\overline{\smash{\big)}\,1{,}825}}$

6. $45{\overline{\smash{\big)}\,3{,}518}}$

Charla matemática PRÁCTICAS MATEMÁTICAS 1

Evalúa Explica cómo sabes si un cociente estimado es demasiado bajo o demasiado alto.

Nombre _____

Por tu cuenta

Divide.

7. 15)975

8. 37)264

9. 34)6,837 ✓

Práctica: Copia y resuelve Divide.

10. 452 ÷ 31

11. 592 ÷ 74

12. 785 ÷ 14

13. 601 ÷ 66

14. 1,067 ÷ 97

15. 2,693 ÷ 56

16. 1,488 ÷ 78

17. 2,230 ÷ 42

18. 4,295 ÷ 66

PRÁCTICA MATEMÁTICA 7 **Identifica las relaciones** **Álgebra** Escribe el número desconocido para cada ■.

19. ■ ÷ 33 = 11

20. 1,092 ÷ 52 = ■

21. 429 ÷ ■ = 33

■ = _____

■ = _____

■ = _____

22. **PRÁCTICA MATEMÁTICA 6** **Explica el método** Una casa de comida sirvió 1,288 emparedados en 4 semanas. Si sirven la misma cantidad de emparedados por día, ¿cuántos emparedados sirven cada día? Explica cómo hallaste tu respuesta.

_____
_____
_____

23. **PIENSA MÁS** Kainoa colecciona tarjetas coleccionables. Tiene 1,205 tarjetas de béisbol, 713 tarjetas de básquetbol y 836 tarjetas de fútbol. Quiere colocarlas todas en álbumes. Cada página del álbum puede contener hasta 18 tarjetas. ¿Cuántas páginas necesitará para colocar todas las tarjetas?

_____

Capítulo 2 • Lección 8   133

PRÁCTICAS MATEMÁTICAS · ANALIZAR · BUSCAR ESTRUCTURAS · PRECISIÓN

Soluciona el problema

24. **MÁS AL DETALLE** Un salón de banquetes sirve 2,394 libras de pavo durante un período de 3 semanas. Si se sirve la misma cantidad cada día, ¿cuántas libras de pavo se sirven por día en el salón de banquetes?

a. ¿Qué debes hallar? _____

_____

b. ¿Qué información tienes? _____

_____

c. ¿Qué otra información usarás?

_____

_____

_____

d. Halla cuántos días hay en 3 semanas.

Hay _____ días en 3 semanas.

e. Divide para resolver el problema.

f. Completa la oración. El salón de banquetes

sirve _____ de pavo cada día.

25. Marcos prepara 624 onzas de limonada. Quiere llenar los 52 vasos que tiene con cantidades iguales de limonada. ¿Cuánta limonada debería servir en cada vaso?

_____

26. **PIENSA MÁS** Oliver estima el primer dígito del cociente.

$$75\overline{)6{,}234}$$ con 9 arriba

La estimación de Oliver es:
- correcta.
- demasiado alta.
- demasiado baja.

134

Nombre _____

Ajustar los cocientes

Práctica y tarea
Lección 2.8

ESTÁNDAR COMÚN—5.NBT.B.6
Efectúan cálculos con números enteros de múltiples dígitos y con decimales hasta las centésimas.

Ajusta el dígito estimado en el cociente si es necesario. Luego divide.

1.
```
        5
    16)976
    -80
     17
```
```
      61
   16)976
    -96
     16
    -16
      0
```

2.
```
       3
   24)689
```

3.
```
       3
   65)2,210
```

4.
```
       2
   38)7,035
```

Divide.

5. $2{,}961 \div 47$

6. $2{,}072 \div 86$

7. $44\overline{)2{,}910}$

8. $82\overline{)4{,}018}$

Resolución de problemas · En el mundo

9. Una fotocopiadora imprime 89 copias en un minuto. ¿Cuánto tarda la fotocopiadora en imprimir 1,958 copias?

_____

10. Érica ahorra dinero para comprar un juego de comedor que cuesta $580. Si ahorra $29 cada mes, ¿cuántos meses necesitará para ahorrar suficiente dinero para comprar el juego de comedor?

_____

11. **ESCRIBE** *Matemáticas* Explica las diferentes maneras en las que puedes usar la multiplicación para estimar y resolver problemas de división.

_____
_____
_____
_____
_____

Repaso de la lección (5.NBT.B.6)

1. Gail encargó 5,675 libras de harina para la panadería. La harina viene en bolsas de 25 libras. ¿Cuántas bolsas de harina recibirá la panadería?

2. Simone participa en un maratón de ciclismo para recaudar fondos. Por cada milla que recorre en bicicleta prometen darle $15. Si quiere recaudar $510, ¿cuántas millas debe recorrer?

Repaso en espiral (5.OA.A.2, 5.NBT.A.1, 5.NBT.B.6)

3. Lina hace pulseras de cuentas. Usa 9 cuentas para hacer cada pulsera. ¿Cuántas pulseras puede hacer con 156 cuentas?

4. Un total de 1,056 estudiantes de diferentes escuelas se inscriben en la feria estatal de ciencias. Cada escuela inscribe exactamente a 32 estudiantes. ¿Cuántas escuelas participan en la feria de ciencias?

5. ¿Cuánto es $\frac{1}{10}$ de 6,000?

6. Christy compra 48 broches. Reparte los broches en partes iguales entre ella y sus 3 hermanas. Escribe una expresión que represente la cantidad de broches que obtiene cada niña.

RESOLUCIÓN DE PROBLEMAS
Lección 2.9

Nombre _____

Resolución de problemas • La división

Pregunta esencial ¿Cómo puede ayudarte la estrategia *hacer un diagrama* a resolver un problema de división?

Estándares comunes Números y operaciones en base diez—5.NBT.B.6
PRÁCTICAS MATEMÁTICAS
MP1, MP3, MP4

Soluciona el problema — En el mundo

Juan y su familia alquilaron un barco de pesca por un día. Juan pescó un pez aguja azul y una serviola. El peso del pez aguja azul era 12 veces mayor que el peso de la serviola. El peso de ambos peces era de 273 libras. ¿Cuánto pesaba cada pez?

Lee el problema

¿Qué debo hallar?

Debo hallar _____

_____.

¿Qué información debo usar?

Debo saber que Juan pescó un total de _____ libras y que el peso del pez aguja azul era _____ veces mayor que el peso de la serviola.

¿Cómo usaré la información?

Puedo usar la estrategia

_____

y luego dividir. Puedo dibujar un modelo de barras y usarlo para escribir el problema de división que me ayude a hallar el peso de cada pez.

Resuelve el problema

Dibujaré una casilla para indicar el peso de la serviola. Luego dibujaré una barra con 12 casillas de igual tamaño para indicar el peso del pez aguja azul. Divido el peso total de los dos peces entre la cantidad total de casillas.

serviola [ ]

pez aguja azul [ ][ ][ ][ ][ ][ ][ ][ ][ ][ ][ ][ ] } 273 libras

$$\begin{array}{r} 2 \\ 13\overline{)273} \\ -26 \\ \hline \_\_ \end{array}$$

Escribe el cociente en cada casilla. Multiplícalo por 12 para hallar el peso del pez aguja azul.

Entonces, la serviola pesaba _____ libras y el pez aguja azul pesaba _____ libras.

Capítulo 2 137

Haz otro problema

Jason, Murray y Dana fueron a pescar. Dana pescó un pargo rojo. Jason pescó un atún que pesaba 3 veces más que el pargo rojo. Murray atrapó un pez vela que pesaba 12 veces más que el pargo rojo. Si el peso de los tres peces juntos era de 208 libras, ¿cuánto pesaba el atún?

Lee el problema

¿Qué debo hallar?	¿Qué información debo usar?	¿Cómo usaré la información?

Resuelve el problema

Entonces, el atún pesaba _____ libras.

- ¿Cómo puedes comprobar tu resultado? _____

Analiza Explica cómo podrías usar otra estrategia para resolver este problema.

PRÁCTICAS MATEMÁTICAS ①

138

Nombre

Comparte y muestra

1. Paula pescó un sábalo que pesaba 10 veces más que un pámpano que también había pescado. El peso total de los dos peces era de 132 libras. ¿Cuánto pesaba cada pez?

   Primero, dibuja una casilla para representar el peso del pámpano y diez casillas para representar el peso del sábalo.

   A continuación, divide el peso total de los dos peces entre la cantidad total de casillas que dibujaste. Escribe el cociente en cada casilla.

   Por último, halla el peso de cada pez.

   El pámpano pesaba _____ libras.

   El sábalo pesaba _____ libras.

   ESCRIBE *Matemáticas* • **Muestra tu trabajo**

2. ¿Qué pasaría si el sábalo pesara 11 veces más que el pámpano, y el peso total de ambos peces fuera de 132 libras? ¿Cuánto pesaría cada pez?

   pámpano: _____ libras

   sábalo: _____ libras

3. Jon atrapó cuatro peces que pesaban 252 libras en total. El carite pesaba el doble que la serviola y el pez aguja blanco pesaba el doble que el carite. El sábalo pesaba 5 veces más que la serviola. ¿Cuánto pesaba cada pez?

   serviola: _____ libras

   carite: _____ libras

   pez aguja blanco: _____ libras

   sábalo: _____ libras

Capítulo 2 • Lección 9   139

Estándares comunes PRÁCTICAS MATEMÁTICAS   COMUNICAR • PERSEVERAR • CONSTRUIR ARGUMENTOS

Por tu cuenta

Usa la tabla para resolver los problemas 4 y 5.

Lista de compras de Kevin para su acuario	
Pecera de 40 galones	$170
Luz para acuario	$30
Sistema de filtración	$65
Termómetro	$2
Bolsa de grava de 15 lb	$13
Piedras grandes	$3 por lb
Peces payaso	$20 cada uno
Peces damisela	$7 cada uno

4. **PIENSA MÁS** Kevin compró 3 bolsas de grava para cubrir el fondo de su pecera. Le sobraron 8 libras de grava. ¿Cuánta grava usó Kevin para cubrir el fondo?

_____

5. **PRÁCTICA MATEMÁTICA 3** **Aplica** Vuelve a mirar el Problema 4. Escribe un problema similar cambiando la cantidad de bolsas de grava y la cantidad de grava que sobra.

_____
_____
_____
_____
_____

6. **PIENSA MÁS** La tripulación de un barco de pesca atrapó cuatro peces que pesaban 1,092 libras en total. El sábalo pesaba el doble de lo que pesaba la serviola y la aguja blanca pesaba dos veces lo que pesaba el sábalo. El atún pesaba 5 veces lo que pesaba la serviola. ¿Cuánto pesaba cada pez?

_____
_____

7. **MÁS AL DETALLE** Una pescadería compró dos peces espada a $13 la libra. El precio del pez más grande era 3 veces mayor que el precio del pez más pequeño. El precio total de los dos peces era $3,952. ¿Cuánto pesaba cada pez?

_____
_____

Entrenador personal en matemáticas

8. **PIENSA MÁS +** Eric y Stephanie llevaron a su hermanita Melissa a juntar manzanas. Eric juntó 4 veces más manzanas que Melissa. Stephanie juntó 6 veces más manzanas que Melissa. Eric y Stephanie juntaron 150 manzanas entre los dos. Dibuja un diagrama para hallar la cantidad de manzanas que juntó Melissa.

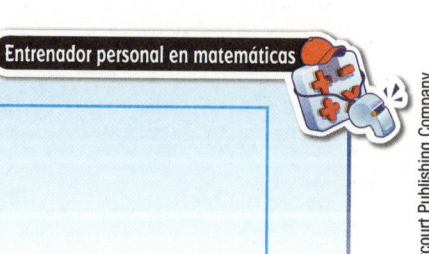

Resolución de problemas • La división

**Práctica y tarea
Lección 2.9**

ESTÁNDAR COMÚN—5.NBT.B.6
Efectúan cálculos con números enteros de múltiples dígitos y con decimales hasta las centésimas.

Muestra tu trabajo. Resuelve los problemas.

1. Duane tiene 12 veces más tarjetas de béisbol que Tony. Entre los dos, tienen 208 tarjetas de béisbol. ¿Cuántas tarjetas de béisbol tiene cada niño?

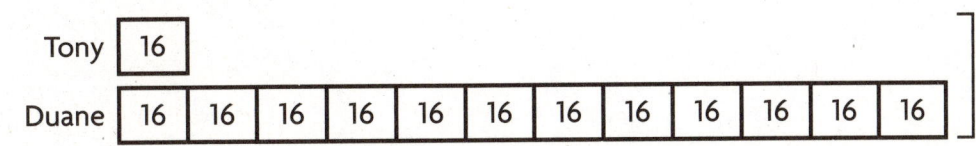

   | Tony | 16 |

   | Duane | 16 | 16 | 16 | 16 | 16 | 16 | 16 | 16 | 16 | 16 | 16 | 16 |

   } 208 tarjetas de béisbol

   $208 \div 13 = 16$

   Tony: 16 tarjetas; Duane: 192 tarjetas

2. Hallie tiene 10 veces más páginas para leer como tarea que Janet. En total, tienen que leer 264 páginas. ¿Cuántas páginas tiene que leer cada niña?

3. Kelly tiene 4 veces más canciones en su reproductor de música que Lou. Tiffany tiene 6 veces más canciones en su reproductor de música que Lou. En total, tienen 682 canciones en sus reproductores de música. ¿Cuántas canciones tiene Kelly?

4. **ESCRIBE** *Matemáticas* Crea un problema de división. Dibuja un modelo de barras que te ayude a escribir una ecuación para resolver el problema.

Capítulo 2

Repaso de la lección (5.NBT.B.6)

1. Chelsea tiene 11 veces más pinceles que Monique. Si en total tienen 60 pinceles, ¿cuántos pinceles tiene Chelsea?

2. Jo tiene un jerbo y un perro pastor alemán. El pastor alemán come 14 veces más alimento que el jerbo. En total, comen 225 onzas de alimento seco por semana. ¿Cuántas onzas de alimento come el pastor alemán por semana?

Repaso en espiral (5.NBT.B.5, 5.NBT.B.6, 5.NF.B.3)

3. Jeanine tiene el doble de edad que su hermano Marc. Si la suma de sus edades es 24, ¿cuántos años tiene Jeanine?

4. Larry enviará clavos que pesan 53 libras en total. Divide los clavos en partes iguales en 4 cajas de envío. ¿Cuántas libras de clavos coloca en cada caja?

5. Annie planta 6 hileras de bulbos de flores pequeñas en un jardín. En cada hilera planta 132 bulbos. ¿Cuántos bulbos planta Annie en total?

6. El próximo año, cuatro escuelas primarias enviarán 126 estudiantes cada una a la Escuela Intermedia Bedford. ¿Cuál es la cantidad total de estudiantes que las escuelas primarias enviarán a la escuela intermedia?

PRACTICA MÁS CON EL
Entrenador personal en matemáticas

Nombre _____

✓ Repaso y prueba del Capítulo 2

1. Elige la palabra que haga verdadera la oración.
El primer dígito en el cociente de 1,875 ÷ 9

estará en el lugar de las [unidades / decenas / centenas / millares] .

2. Para los números 2a a 2d, selecciona Verdadero o Falso para indicar si el cociente es correcto.

2a. 225 ÷ 9 = 25   ○ Verdadero   ○ Falso

2b. 154 ÷ 7 = 22   ○ Verdadero   ○ Falso

2c. 312 ÷ 9 = 39   ○ Verdadero   ○ Falso

2d. 412 ÷ 2 = 260   ○ Verdadero   ○ Falso

3. Chen está comprobando un problema de división haciendo esto:

```
   152
 ×   4
 ─────
 
 +   2
 ─────
```

¿Qué problema está comprobando Chen?

Capítulo 2 143

4. Isaiah escribió este problema en su cuaderno. Con las cajas de vocabulario, nombra las partes del problema de división. Luego, usando el vocabulario, explica cómo Isaiah puede comprobar si su cociente es correcto.

cociente   divisor   dividendo

```
         72
      _____
   9)648
```

_____
_____
_____

5. Tammy dice que el cociente de 793 ÷ 6 es 132 r1. Usa la multiplicación para mostrar si la respuesta de Tammy es correcta.

6. Jeffrey quiere ahorrar la misma cantidad de dinero por semana para comprarse una bicicleta nueva. Necesita $252. Si quiere tener la bicicleta en 14 semanas, ¿cuánto dinero tiene que ahorrar Jeffrey por semana?

$ _____

7. Dana está haciendo un plano de asientos para un banquete de premios. Irán 184 personas al banquete. Si por cada mesa se pueden sentar 8 personas, ¿cuántas mesas necesitarán para el banquete de premios?

_____ mesas

Nombre _____

8. Divide 575 entre 14 usando cocientes parciales. ¿Cuál es el cociente? Explica tu respuesta usando números y palabras.

$$14\overline{)575}$$

10 x

435

_____
_____
_____

9. Para los números 9a a 9c, elige Sí o No para indicar si la operación es correcta.

9a. 5,210 ÷ 17 es 306 r8.   ○ Sí   ○ No

9b. 8,808 ÷ 42 es 209 r30.   ○ Sí   ○ No

9c. 1,248 ÷ 24 es 51.   ○ Sí   ○ No

10. Divide. Haz un dibujo rápido.

156 ÷ 12 = ☐

☐ = 100 | = 10   ○ = 1

Capítulo 2   145

11. Divide. Muestra tu trabajo.

$17\overline{)5,210}$

12. Elige los números compatibles que serán la mejor estimación para $429 \div 36$.

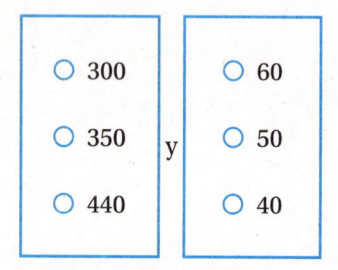

- ○ 300
- ○ 350
- ○ 440

y

- ○ 60
- ○ 50
- ○ 40

13. **MÁS AL DETALLE** Samuel necesita 233 pies de madera para construir un cerco. Cada pieza de madera mide 11 pies de longitud.

Parte A

¿Cuántas piezas de madera necesitará Samuel? Explica tu respuesta.

Parte B

Theresa necesita el doble de pies de madera que Samuel. ¿Cuántas piezas de madera necesita Theresa? Explica tu respuesta.

146

Nombre _____

14. PIENSA MÁS + Russ y Vickie están intentando resolver este problema:
Hay 146 estudiantes que irán en autobús al museo. Si cada autobús tiene una capacidad para 24 estudiantes, ¿cuántos autobuses necesitarán?

Russ dice que los estudiantes necesitan 6 autobuses. Vickie dice que necesitan 7 autobuses. ¿Quién tiene razón? Explica tu razonamiento.

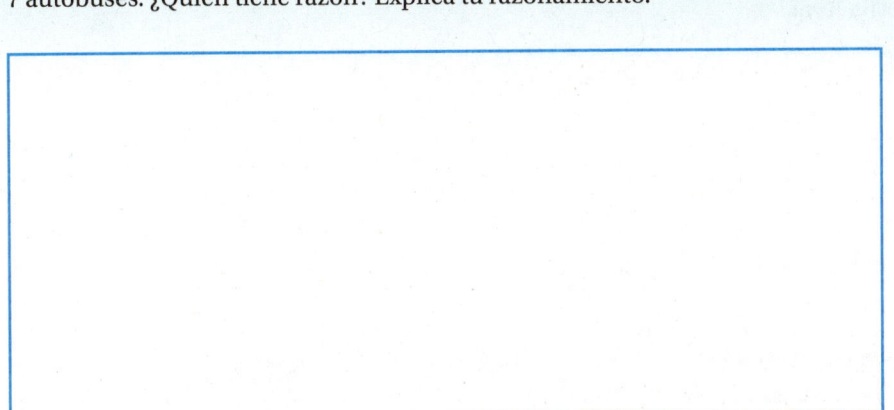

15. Escribe la letra de cada dibujo rápido debajo del problema de división que representa.

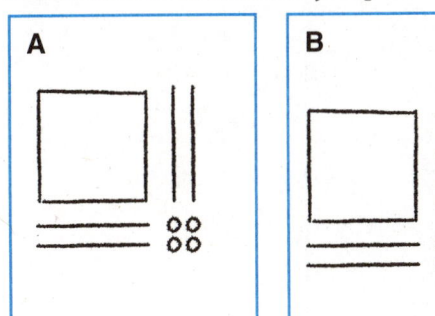

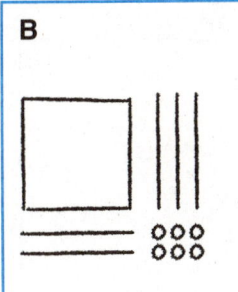

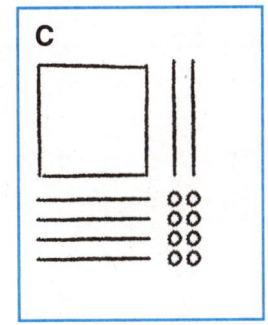

A   B   C

| $156 \div 12 = 13$ | $168 \div 12 = 14$ | $144 \div 12 = 12$ |

Capítulo 2   147

16. Steve está comprando manzanas para el quinto grado. Cada bolsa contiene 12 manzanas. Si hay 75 estudiantes en total, ¿cuántas bolsas de manzanas tendrá que comprar Steve si quiere darle una manzana a cada estudiante?

_____ bolsas

17. Rasheed necesita ahorrar $231. Para ganar dinero, piensa lavar autos y cobrar $12 por auto. Escribe dos estimaciones que Rasheed podría usar para determinar cuántos autos necesita lavar.

18. Paula tiene un perro que pesa 3 veces más que el perro de Carla. El peso total de los dos perros es 48 libras. ¿Cuánto pesa el perro de Paula?

Dibuja un diagrama para hallar el peso del perro de Paula.

19. Dylan estima el primer dígito del cociente.

$$46\overline{)3{,}662}^{\,6}$$

La estimación de Dylan es | demasiado alta. |
| demasiado baja |

148